A PRIMEIRA REPÚBLICA
NO
DIREITO PORTUGUÊS

MÁRIO JÚLIO DE ALMEIDA COSTA
RUI MANUEL DE FIGUEIREDO MARCOS

A PRIMEIRA REPÚBLICA NO DIREITO PORTUGUÊS

A PRIMEIRA REPÚBLICA
NO DIREITO PORTUGUÊS

AUTORES
MÁRIO JÚLIO DE ALMEIDA COSTA
RUI MANUEL DE FIGUEIREDO MARCOS

EDITOR
EDIÇÕES ALMEDINA, SA
Av. Fernão Magalhães, n.º 584, 5.º Andar
3000-174 Coimbra
Tel.: 239 851 904
Fax: 239 851 901
www.almedina.net
editora@almedina.net

PRÉ-IMPRESSÃO | IMPRESSÃO | ACABAMENTO
G.C. GRÁFICA DE COIMBRA, LDA.
Palheira – Assafarge
3001-453 Coimbra
producao@graficadecoimbra.pt

Setembro, 2010

DEPÓSITO LEGAL
313544/10

Os dados e as opiniões inseridos na presente publicação
são da exclusiva responsabilidade do(s) seu(s) Autor(es).

Toda a reprodução desta obra, por fotocópia ou outro qualquer
processo, sem prévia autorização escrita do Editor, é ilícita
e passível de procedimento judicial contra o infractor.

Biblioteca Nacional de Portugal – Catalogação na Publicação

COSTA, Mário Júlio de Almeida

A Primeira República no Direito Português / Mário
Júlio de Almeida Costa, Rui Manuel de Figueiredo
Marcos
ISBN 978-972-40-4290-9

I – MARCOS, Rui Manuel de Figueiredo

CDU   340
       321

NOTA PRÉVIA

Bem se sabe que as instituições e os homens devem ser compreendidos à luz da situação histórica. Mil fios enlaçam o direito, em cada época, ao universo cultural e político. Dúvida não subsistirá de que acordes da Primeira República soaram no direito português. Uns mais vibrantes do que outros. De qualquer modo, a pauta jurídica portuguesa virou algumas páginas do seu já longo e geralmente conseguido ritmo histórico. O momento que passa surge propício a uma sua revisitação panorâmica. São vistas deste miradouro que pretendemos oferecer ao público.

Coimbra, 4 de Julho de 2010

Mário Júlio de Almeida Costa
Rui Manuel de Figueiredo Marcos

1. As faces do republicanismo português

Factos houve que precipitaram a queda da Monarquia. O ultimato inglês de 1890 foi tremendamente desprestigiante e feriu a consciência nacional. Recorrendo à ditadura, o governo de João Franco não ajudou a serenar os ânimos.[1] O trágico desfecho que o regicídio de 1908 constituiu veio a representar um abalo decisivo para a instituição monárquica[2]. Por outro lado, a tensão revolucionária explodiu, em larga medida, fruto da actividade política e da influência social que, nos meios urbanos, o partido republicano português já lograra atingir[3].

Não entraremos numa abordagem aprofundada do republicanismo português. Nele se encontraram múltiplas e nem sempre coerentes ideias e aspirações[4]. Do liberalismo democrático ao capitalismo burguês, do socialismo ao anarquismo,

---

[1] Acerca da ditadura de João Franco, consultar JOAQUIM ROMERO DE MAGALHÃES, *Vem aí a República! 1906-1910*, Coimbra, 2009, págs. 105 e segs.

[2] Ver, por todos, ANÍBAL PINTO DE CASTRO, *O Regicídio de 1908. Uma Lenta Agonia da História*, Porto, 2008.

[3] Ver ERNESTO CASTRO LEAL, *Partidos e Programas. O campo partidário republicano português (1910-1926)*, Coimbra, 2008, págs. 15 e segs.

[4] Sobre a Primeira República, ver, entre outros, JORGE BORGES DE MACEDO, *República em Portugal (Implantação da)*, in "Verbo. Enciclopédia Luso-Brasileira de Cultura", vol. 16, Lisboa, 1974, cols. 345 e segs., A. H. DE OLIVEIRA MARQUES, *História da I República Portuguesa. As estruturas de*

do municipalismo ao federalismo, do associativismo ao cooperativismo, do patriotismo ao imperalismo africano tudo esteve em dabate[1]. As concretas disputas pelo poder, de que, aliás, não curaremos, envolveram também acesas polémicas de natureza política.

Encarando-o pelo prisma nacional, há que reconhecer que o republicanismo germinou e cresceu no santuário das ideias liberais[2]. Não foi contra o liberalismo que o republicanismo se ergueu. A sua cruzada radicou antes na destruição da Monarquia e no rompimento do ajuste compromissório que a realeza estabelecera com o liberalismo, sob o figurino da Monarquia constitucional. Impunha-se, pois, cortar cerce este aproveitamento desvirtuador e reinterpretar o credo liberal à luz dos paradigmas republicanos[3].

---

base, Lisboa, 1978, AMADEU CARVALHO HOMEM, *A Ideia Republicana em Portugal. O contributo de Teófilo Braga*, Coimbra, 1989, VASCO POLIDO VALENTE, *O Poder e o Povo: a Revolução de 1910*, 3.ª ed., Lisboa, 1999, e FERNANDO CATROGA, *O Republicanismo em Portugal. Da Formação ao 5 de Outubro de 1910*, 2.ª ed., Lisboa, 2000.

[1] Sobre federalismo, unitarismo e socialismo, ver JOAQUIM DE CARVALHO, *Formação da ideologia republicana*, in "História do Regimen Republicano em Portugal", por LUÍS DE MONTALVOR, vol. I, Lisboa, MCMXXX, págs. 212 e segs.

[2] Ver TEÓFILO BRAGA, *História das Ideias Republicanas em Portugal*, Lisboa, 1880.

[3] Para aquilatar de algumas propostas de pendor republicano no século XIX, também no campo da justiça, ver J. F. HENRIQUES NOGUEIRA, *Estudos sobre a Reforma em Portugal*, Lisboa, 1851, em especial quanto ao direito, págs. 39 e segs.

2. A afirmação republicana por via legislativa

A tarefa imediata que o legislador de 1910 impôs a si próprio foi a demolição da Monarquia. Bem o salientou Joaquim Teófilo Braga, presidente do Governo Provisório, quando reconheceu que, na sua obra legislativa, houve "uma parte negativa como preliminar para a elaboração construtiva". Com efeito, derramaram-se providências que apagaram os vestígios das instituições monárquicas, demitiram os funcionários públicos não convertidos[1] e deram destino aos bens da extinta Casa Real.

Do mesmo passo, afirmava-se a presença republicana. Desapareceram, na nomenclatura oficial, as alusões à Monarquia. Logo se mudou o formulário dos diplomas legais e alteraram-se as denominações dos ministérios[2]. A par de outros retoques na organização judicial, a Procuradoria Geral da Coroa e da Fazenda passou a ter a designação de Procuradoria Geral da República e as procuradorias régias junto das Relações

---

[1] Por exemplo, um Decreto de 8 de Outubro de 1910 demitiu dos respectivos cargos os administradores efectivos, substitutos e interinos dos concelhos dos diversos distritos administrativos, nomeados antes de 5 de Outubro, e bem assim os dos bairros de Lisboa e Porto. Já as câmaras municipais republicanas eram mantidas, enquanto as outras se viram substituídas por comissões municipais electivas republicanas. Na falta destas comissões, as câmaras eram indicadas pelo povo, através de eleição ou de aclamação. Tudo isto nos termos de um outro diploma do Ministério do Interior, com a mesma data.

[2] Assim o determinou um Decreto de 8 de Outubro de 1910. Para além do Presidente do Governo Provisório, passaram a existir os Ministérios do Interior, da Justiça, da Guerra, das Finanças, da Marinha e Colónias, dos Negócios Estrangeiros e do Fomento.

assumiram-se como procuradorias da República[1]. Erigiram-se os novos símbolos da nação. Em síntese, o Governo Provisório aproveitou a sua fase de ditadura para cimentar a República.

No plano militar, substituídas as instituições monárquicas pelas republicanas, cessavam as razões da existência de títulos honoríficos de alguns corpos de tropas e remodelaram-se os figurinos dos uniformes, de molde a despojá-las de coroas[2]. Foi declarada extinta a Casa Militar do rei. A segurança pública do País não podia também escapar ao primeiro fôlego da contemplação legislativa saída de 1910. Enquanto se esquadrinhava a organização de um corpo militarizado que receberia a natural intitulação de Guarda Nacional Republicana, a lei criava, em Lisboa e no Porto, a chamada Guarda Republicana. Destinava-se a velar pela segurança e liberdade dos cidadãos[3].

3. A republicanização do calendário. As férias judiciais

A Primeira República sabia que não podia deixar intocado o calendário das festividades oficiais do País. Os feriados representavam dias de celebração de certos valores nacionais.

---

[1] Em sintonia, iniciou o seu curso histórico a denominação delegados do procurador da República em vez de delegados do procurador régio, por força do artigo 3.º de mais um Decreto de 8 de Outubro de 1910.

[2] Por exemplo, os botões que eram enfeitados por coroas mudavam-se para botões lisos. Consulte-se o Decreto de 8 de Outubro de 1910.

[3] O Decreto de 12 de Outubro de 1910 escolheu, com certeza, a designação de Guarda Republicana como antecedente da Guarda Nacional Republicana, uma vez que, de início, o seu alcance não abrangia todo o País.

A pauta axiológica mudara radicalmente. Fraternidade, República, Pátria e Família viram a sua dignidade elevada à categoria de feriado nacional. À fraternidade universal dedicava-se o 1 de Janeiro. Já o 31 de Janeiro consagrava-se aos precursores e aos mártires da República. O 5 de Outubro reservava-se naturalmente aos heróis da República. A autonomia da Pátria portuguesa comemorava-se no 1 de Dezembro. Por fim, o dia 25 de Dezembro ornava a família. Este o elenco de feriados nacionais que o Decreto para valer como lei de 12 de Outubro de 1910 estabeleceu[1].

Completou o pensamento republicano a respeito do tema em foco o Decreto de 26 de Outubro de 1910. Impunha-se compaginar os feriados com os dias de descanso e com as férias, integrando-os num todo harmónico nos seus fundamentos. Não subsistindo feriados de cariz religioso, afigura-se natural que, em coerência, se determinasse que os dias até então considerados santificados passariam a ser dias úteis e de trabalho para todos os efeitos[2]. Além dos feriados inscritos no Decreto de 12 de Outubro de 1910, apenas se reputavam dias de descanso em relação a tribunais, repartições do Estado, corporações locais e escolas os domingos, geralmente votados ao descanso hebdomadário.

As férias escolares e judiciais assumiam particular relevância. Nos tribunais de qualquer categoria e nas escolas, havia férias desde 24 de Dezembro até 1 de Janeiro inclusive, na segunda e terça-feira de Carnaval, uma semana na Páscoa e,

---

[1] De entre as festas tradicionais, os municípios, na área dos respectivos concelhos, podiam considerar feriado um dia por ano.

[2] Ver o § único do artigo 1.º do Decreto de 26 de Outubro de 1910.

por fim, de 16 de Agosto a 30 de Setembro. Um mapa oficial de férias que não escondia alguma parcimónia por parte da Primeira República.

As questões atinentes ao foro criminal justificavam um regime de excepção. De feição que, mesmo em férias, nos tribunais criminais de 1.ª instância, realizavam-se sempre os julgamentos dos réus presos. Também nos juízos de investigação criminal, não existiam férias e, ainda aos domingos e feriados, se podiam praticar quaisquer actos destinados à protecção ou respeito pela liberdade individual, ou que revertissem carácter urgente[1].

4. O cidadão da República em traje legal

A Primeira República, à imagem de outros movimentos refundadores, não se coibiu de pretender criar um cidadão novo. Mais. Não ocultou o desígnio de formar, *ab initio*, gerações novas de novos portugueses. Numa estrídula e frontal proclama legislativa, confessou que se tornava indispensável e urgente que «todo o português, da geração que começa, seja um homem, um patriota e um cidadão». Um caminho cujo ponto de partida se encontrava na infância das primeiras letras.

Com efeito, a Primeira República cedo percebeu a importância matricial da educação.[2] Importava fazer vicejar sen-

---

[1] Ver Decreto de 26 de Outubro de 1910, artigo 2.º, § 2.

[2] Podem consultar-se as obras clássicas JOÃO DE BARROS, *Educação Republicana*, Lisboa, 1916; JOÃO DE BARROS/JOÃO DE DEUS RAMOS, *A Reforma da Instrução Primária*, Porto, 1911; SÍLVIO PÉLICO FILHO, *História da*

timentos republicanos que passassem a entretecer as aspirações da nação portuguesa. Daí que o Governo Provisório se apressasse, através de um Decreto de 22 de Outubro de 1910, a extinguir, nas escolas primárias, o ensino da doutina cristã, por considerar a imposição de dogmas incompatível com a pedagogia republicana.

À mingua de livros compostos de acordo com os ideais republicanos, vingou o princípio de um ensino através do exemplo. A moral que se pretendia ver explicada nas escolas primárias não era tanto a individual, mas, sobretudo, aquela que iria imprimir no ânimo dos alunos um sentido de solidariedade social e de responsabilidade colectiva. Não admira, pois, que a lei estabelecesse, sem rodeios, que o ensino da moral nas escolas primárias se realizasse, intuitivamente, prescindindo do auxílio do livro. Cumpria-se, em suma, pelo exemplo de compostura, bondade, tenacidade e método de trabalho saído da figura do professor. E alcançava-se ainda pela explicação de factos com patente relevância moral e cívica.

A lei entreabria um outro lineamento decisivo da pedagogia republicana que assentava na educação cívica. Nas escolas primárias, a conclamada educação cívica desenrolava-se tomando como base as prelecções do professor realizadas segundo uma certa pauta axiológica. Pertencia-lhe o dever supremo de instilar nos alunos os valores de um amor acrisolado pela pátria, pelo lar, pelo trabalho e pela liberdade[1]. Bastiões inegociáveis de uma autêntica educação cívica.

Instrução Popular em Portugal, Lisboa, 1923; e ANTÓNIO SÉRGIO, *O ensino como factor de ressurgimento nacional,* Porto, 1918.

[1] A tal propósito, é absolutamente inequívoco o artigo 3.ª do Decreto de 22 de Outubro de 1910.

É o preâmbulo de um Decreto com força de lei de 28 de Março de 1911 que, ao reorganizar os serviços de instrução primária, detidamente explana o *corpus* doutrinal da Primeira República no tocante à educação como fonte de cidadania. Afiançava-se solenemente que o homem valia, sobretudo, pela educação que possuía.

Impunha-se esculpir um modelo de cidadão da República. E nada melhor para o começo da obra do que uma propícia educação infantil. «Portugal precisa fazer cidadãos, essa matéria prima de todas as pátrias». Eis uma máxima na sua plena cintilância republicana.

O esplendor do País necessitava de congregar cidadãos cuja formação combinasse, de modo harmonioso, um sólido desenvolvimento físico, intelectual e moral. Um desiderato que apenas se alcançaria através da acção incessante e persistente da educação. Portugal, vaticinava-o a lei, só poderia tornar-se «forte e altivo no dia em que, por todos os pontos do seu território, pulule uma colmeia humana, laboriosa e pacífica, no equilíbrio conjugado da fôrça dos seus músculos, da seiva do seu cérebro e dos preceitos da sua moral».

Uma das parcelas mais valiosas da educação era a instrução. Sem esta aquela soçobraria por deficiente, *maxime* numa época de progresso arrebatado. Pela instrução segura e de índole experimental se firmava o edifício moral da alma humana.

Na concepção republicana, a moral que se almejava erigir decorria do imperativo da solidariedade, destronando os velhos conflitos forjados num clima de acirrado individualismo. «O homem só é digno dêsse nome, quando é útil a si e aos seus semelhantes e segue o método de favorecer os seus intentos, sem lesar os intentos dos outros». Estava em jogo a conquista de uma virtude intersubjectiva e assumidamente solidária.

Saía da contemplação da realidade e impunha-se pelo superior exemplo o paradigma da moral republicana. É certo que *exempla docent, non iubent*. Mas a quem envergava a toga da educação exigia-se uma irrepreensível compostura moral, de sorte que o aluno não vislumbrasse a mínima desconexão ou incoerência entre o que o mestre pregava e o que ele fazia. Não espanta, portanto, que a lei se referisse ao professor primário como «um grande obreiro da civilização».

Em consonância com os parâmetros expostos se haveria de esquadrinhar legalmente a feição do ensino. As suas linhas orientadoras apontavam para um ensino primário sobretudo prático, utilitário e, quanto possível, intuitivo.[1] Coordenadas rectoras que já se desvelavam nas propostas pedagógicas de João de Deus e do seu filho e continuador João de Deus Ramos[2]. O programa cultural republicano acolheu-as. O fim proeminente da escola primária consistia em habilitar o homem para a luta da vida, sem nunca perder de vista uma formação integral. Assim, tornavam-se obrigatórias «as lições de cousas, como o meio de educação física, intelectual, moral e estética».[3]

A Primeira República declarou banida da pedagogia nacional o mundo insondável dos mistérios e dos milagres. Afirmou o princípio da neutralidade da escola. Nem a favor de Deus, nem contra Deus. Ao altar supremo da República ascendeu a religião do dever. Dever este que, doravante,

---

[1] Ver Decreto de 29 de Março de 1991, artigo 13.º.

[2] Neste sentido, consultar A. H. DE OLIVEIRA MARQUES, *A Primeira República Portuguesa. Alguns Aspectos Estruturais*, 3.ª ed., Lisboa, 1980, págs. 84 e seg.

[3] Ver Decreto de 29 de Março de 1991, artigo 15.º.

passaria a constituir o culto eterno de uma nova igreja. A igreja cívica do povo.

A grande novidade da lei, em termos administrativos, residiu na descentralização do ensino, entregando-o às câmaras municipais. Mais autónomas, embora ainda ligadas ao Estado por fortes responsabilidades. Daí a desocultação de uma advertência. Para os municípios que não entrassem, desde logo, «no caminho do saneamento moral, que a revolução impôs a todo o País, penalidades, por vezes severas, serão o natural castigo de descuidos ou desvarios, que a marcha do progresso não pode tolerar». A despeito da administração do ensino infantil e primário se confiar às câmaras municipais e aos conselhos de assistência escolar, o Estado permanecia armado com o direito de fiscalizar as escolas e os professores[1]. Um gesto que estava longe de ser abdicativo.

O quadro normativo adoptado assumia-se pletoricamente como factor de apaziguamento das exigências de uma consciência pública que vigiava a gestação de um cidadão novo. Liberto pela República, a lei dirigia ao nosso país as belíssimas palavras de Zola: «Um dia a humanidade feliz será a humanidade que saiba ler e que disponha de vontade forte».[2] Tudo envolto num acrisolado amor pela Pátria.

---

[1] Ver Decreto de 29 de Março de 1991, artigo 62.º, e artigos 140.º e segs.

[2] Esta citação de Zola encerra as considerações preambulares do Decreto de 29 de Março de 1911.

5. A Lei de Imprensa de 1910 e a liberdade de discussão em torno de diplomas legais

O direito de plena expressão do pensamento por parte da imprensa constituiu uma das divisas emblemáticas da Primeira República que se apoderou do legislador. Ao ponto veio o Decreto de 28 de Outubro de 1910. A imprensa foi declarada livre.

Expressis verbis, proclamou-se a imprensa independente de caução, censura ou autorização prévia. Na generalidade, entendia-se por imprensa qualquer forma de publicação gráfica. E, por imprensa periódica ou periódicos, quaisquer publicações que não tratassem exclusivamente de assuntos científicos, literários, artísticos ou religiosos, cuja distribuição obedecesse a uma cadência periódica, fosse em compassos de tempo determinados, fosse em séries de exemplares ou de fascículos.

A imprensa periódica tinha forçosamente um editor. Este encontrava-se sujeito a um princípio de exclusividade. A implicar que se afastou a possibilidade de, ao mesmo tempo, alguém assumir o papel de editor em mais de um periódico. Um voto claro no pluralismo editorial.

Além disso, a lei rodeava o lugar de editor de alguns requisitos. Só o poderia preencher um cidadão português no gozo dos seus direitos civis e políticos, livre de culpa, e habilitado com o exame da instrução primária.[1] Um voto numa espécie de reserva patriótica e impoluta.

Estampado legalmente em 1910 ficou também um princípio da transparência no que tocava à imprensa. Doravante, nenhum periódico se publicaria sem que, no alto da primeira página e em todos os seus números, se inscrevesse o nome

---

[1] Ver Decreto de 28 de Outubro de 1910, artigo 4.º.

do director ou do redactor principal[1], assim como o do editor e o do proprietário. Como indicações obrigatórias, figuravam ainda a sede da administração do periódico e a do estabelecimento onde fosse impresso. Isto sob pena de prisão correcional e de multa que recaíam sobre o proprietário, o editor e o do dono do estabelecimento[2].

A Primeira República deu mostras, por via da lei em foco, de um forte pendor moralista. Uma inclinação que logo ficou patente no Decreto de 22 de Outubro de 1910 e que a própria Lei de Imprensa haveria de confirmar radiosamente[3].

Pareceu necessário erguer barreiras. De feição que aos proprietários ou detentores de estabelecimentos de comércio de periódicos ou de outras publicações se interditou, quer a mera exposição à vista do público, quer a venda, ou outra forma de disseminar pelo público, todas as publicações consideradas pornográficas ou redigidas em linguagem despejada e provocadora. Os comerciantes que desatendessem a este comando incorriam no crime de desobediência qualificada. Soaria intolerável que escritos humorísticos dardejassem a Primeira República em tom desabrido e desrespeitoso.

No terreno jurídico, uma das normas constantes de Lei de Imprensa revestia-se da maior relevância. A questões mais ameaçadoras prometiam desenhar-se num cenário de crítica a diplomas legislativos emanados pela Primeira República.

---

[1] Devia adoptar-se apenas uma destas menções.

[2] Ver Decreto de 28 de Outubro de 1910, artigo 5.º.

[3] Saiu do Ministério do Interior o Decreto de 22 de Outubro de 1910. O seu artigo 1.º corresponde inteiramente ao § único do artigo 11.º da Lei de Imprensa.

Não se optou por silenciar as controvérsias jurídicas e muito menos impedir as velhas intervenções suasórias ou dissuasórias a respeito da bondade das leis.

Andou de um modo tão arguto quanto prudente a Primeira República. Na verdade, o artigo 13.º do Decreto de 28 de Outubro de 1910 declarou que não se proibiam os meios de discussão e de crítica de leis, doutrinas políticas e religiosas, bem como dos actos de governo, das corporações e dos diversos serventuários de funções públicas. Em todo o caso, erigia-se um travão em forma de finalidade vinculada. A significar que se admitiam as trocas de pontos de vista, mas desde que se destinassem a esclarecer e a preparar a opinião para as reformas jurídicas necessárias. Toleravam-se, outrossim, os debates opinativos, contanto que zelosamente visassem a execução das leis, o cumprimento das normas da administração pública e o respeito pelos direitos dos cidadãos.

Convirá, por último, não esquecer que, relativamente a escritos não assinados, quer de índole exclusivamente política, quer de crítica a diplomas legais e a actos do governo, se considerava o director do periódico ou o redactor principal como seu presumível autor. Todavia, a simples declaração por escrito do director e sob palavra de honra de que não era ele o autor da peça incriminatória ilidia a presunção, salvo se a prova extraída dos autos contrariasse frontalmente a declaração produzida.[1]

À liberdade de imprensa declarou-se guerra em 1916.[2] Perante a gravíssima conjuntura que se vivia no País e além-

---

[1] Ver Decreto de 28 de Outubro de 1910, artigo 22.º.

[2] Não entraremos na análise de episódios concretos. Porém, afiguram-se de enorme interesse as considerações expendidas por Luís Alves de

-fronteiras, o governo decidiu contar com o «esclarecido patriotismo de todos», de molde a impedir a propagação de notícias falsas ou inconvenientes à perfeita segurança do Estado. Coibir a falta de civismo lesiva dos interesses públicos constituiu a razão fundante do artigo 1.º do Decreto n.º 2:270, de 12 de Março de 1916, que veio permitir às autoridades policiais ou administrativas apreender periódicos, impressos, escritos ou desenhos de qualquer modo publicados[1].

Se o impresso, escrito ou desenho saído a público, encerrasse afirmação ofensiva da dignidade ou de decoro nacional, para além da apreensão e, tratando-se de um periódico, haveria lugar à suspensão da sua publicação[2]. De modo a garantir a eficácia da providência, a apreensão seria sempre acompanhada e seguida de medidas complementares que obstavam à circulação do impresso, escrito ou desenho. Todavia, o Decreto de 12 de Março de 1916 sublinhava expressamente que a apreensão autorizada não seria, em caso algum, precedida de censura.

A apreensão sem censura prévia, em breve, iria cair. Mal se aplicou, porquanto ainda não terminara o mês de Março de 1916 e já a Lei n.º 495 impunha que ficassem submetidos à censura preventiva os periódicos e outros impressos, e os

---

Fraga a respeito da correspondência e da censura no teatro vivo do quotidiano das tropas portuguesas em França. Ver Luís ALVES DE FRAGA, *Do Intervencionismo ao Sidonismo. Os dois segmentos da política de guerra na 1.ª República: 1916-1918*, Coimbra, 2010, págs. 359 e segs.

[1] Para uma visão abrangente da atmosfera cultural do País nos anos de guerra, ver FERNANDO MENDONÇA FAVA, *Leonardo Coimbra e a I República. Percurso político e social de um filósofo*, Coimbra, 2008, págs. 57 e segs.

[2] Suspensão essa que ia de três a trinta dias. Ver Decreto n.º 2:270, de 12 de Março de 1916, artigo 2.º.

escritos ou desenhos de qualquer modos publicados. Isto enquanto se mantivesse o estado de guerra[1].

O arrazoado argumentativo era conhecido[2]. A censura destinava-se a eliminar tudo o que implicasse a divulgação de boato ou notícia susceptível de causar alarmismo social ou de motivar dano ao Estado. Beliscar a sua segurança interna ou externa, empecer os interesses em relação a nações estrangeiras, ou pior ainda, estorvar os trabalhos de preparação e de execução de uma defesa militar soava intolerável. A censura prévia era considerada patriótica.

O exercício da censura prévia não escapou a uma minuciosa regulamentação. Foi cometida a tarefa a comissões especiais. Havia as comissões de censura distritais nomeadas por portaria do Ministério do Interior e havia as comissões de censura concelhias designadas por alvará do governador civil. Compunham-nas, de preferência, oficiais do exército[3]. A parte da publicação mandada eliminar não era substituída, devendo ficar em branco, salvo se, em tempo útil, uma nova matéria fosse objecto de aprovação pela respectiva comissão.

Ouvido o Conselho Colonial, o governo decidiu, do mesmo passo, mandar aplicar a censura prévia nas colónias portuguesas[4]. Perfilhou um modelo idêntico. Ou seja, também

---

[1] Ver Lei n.º 495, de 28 de Março de 1916, artigo 1.º.

[2] Na verdade regista-se um enorme decalque textual entre o artigo 1.º do Decreto n.º 2:270, de 12 de Março de 1916, e o artigo 2.º da Lei n.º 495, de 28 de Março de 1916.

[3] Sobre a composição das comissões de censura, ver o Decreto n.º 2:308, de 31 de Março de 1916, artigo 2.º e segs.

[4] O quadro normativo da censura prévia colonial encontra-se exarado no Decreto n.º 2:538, de 31 de Março de 1916.

instituiu comissões especiais de censura que funcionavam, quer nas capitais das provincias ultramarinas, quer nos distritos[1]. Tal o retrato de uma censura de guerra que tinha por destino inexorável o banimento.

6. A criação dos tribunais de honra

A Primeira República fez da honra um bem cimeiro do cidadão. Atestam-no diversas proclamas legislativas. Uma das mais expressivas soou na administração pública a partir da introdução da conhecida fórmula republicana de empossamento, em que a honra passava a servir de preciosa fiança à conduta futura do funcionário público.[2] O que se jogava era a sólida garantia de um comportamento imaculadamente íntegro.

A honra converteu-se em luzeiro filosófico e jurídico da Primeira República. Ao ponto de motivar uma alteração imprevista na organização judicial portuguesa. Pretendemos aludir a um Decreto de 31 de Dezembro de 1910 que criou os tribunais de honra. De imediato, eram instituídos em Lisboa e no Porto, mas, quando as necessidades o reclamassem, também poderiam surgir nas capitais de outros distritos.

---

[1] O Sidonismo também viu na censura prévia um mecanismo prestimoso. Neste sentido, ver o Decreto n.º 4:082, de 13 de Abril de 198, e o Decreto n.º 4:601, de 12 de Julho de 1918.

[2] O Decreto de 18 de Outubro de 1910, do mesmo passo que aboliu o juramento religioso na administração pública, criou a conhecida fórmula republicana de empossamento nos termos do seu artigo 3.º: "Declaro pela minha honra que desempenharei fielmente as funcções que me são confiadas".

Compunham o tribunal de honra sete membros efectivos e sete membros suplentes. Uns e outros eram nomeados pelo Governo Provisório da República. Na escolha, deviam obrigatoriamente intervir o tribunal da Relação, as escolas do ensino superior das sedes de cada tribunal, o Supremo Conselho de Justiça Militar, a Câmara dos Deputados, as associações de imprensa e as associações de esgrima. Dir-se-ia que estas instituições funcionariam como reservas de honra.

A esfera de competência dos novos tribunais estava de acordo com a sua designação. Pertencia-lhes conhecer de todas as questões de honra sobre que fosse solicitada a sua intervenção. O impulso processual radicava na pessoa que se julgava ofendida ou em dois representantes seus devidamente autorizados por carta com assinatura reconhecida[1].

De molde a exercer o seu poder de *iurisdictio*, o tribunal ouvia os interessados, inquiria as testemunhas e ordenava as diligências que reputasse convenientes. O tribunal devia procurar resolver o litígio, obtendo dos interessados as explicações necessárias. Depois proferia a decisão que seria válida, desde que tomada por maioria absoluta[2].

Ou porque não comparecesse o ofensor, ou porque a natureza do agravo não admitisse explicações, ou porque as justificações se considerassem insatisfatórios, proferia-se uma decisão condenatória. O ofensor incorria em multa, ou, conjuntamente, em multa e em suspensão temporária dos direitos políticos, graduando-se a pena de acordo com a qualidade da ofensa. O tribunal de honra enviava, por fim, certidão das

---

[1] Ver Decreto de 31 de Dezembro de 1910, artigo 6.º.
[2] Ver Decreto de 31 de Dezembro de 1910, artigo 9.º.

decisões condenatórias ao tribunal comum competente do domicílio do ofensor, para lograr execução[1].

A Primeira República encontrara assim um caminho judicial com o objectivo de restaurar a honra. Sangrá-la por ofensivo agravo soava intolerável. A honra agasalhava e transformou-se num verdadeiro culto republicano.

7. Rupturas e continuidades. A supervivência de um certo direito proveniente da Monarquia. O caso do direito administrativo

Raros foram os períodos convulsivos em que se procurou levar à arena da história o espectáculo do desmembramento global do corpo normativo da sociedade. O direito, por natureza em áreas de refinado teor dogmático-jurídico, aspira à continuidade, oferecendo uma superior resistência a mudanças que o desfigurem. Toca-o uma historicidade tão peculiar que espantosamente se individualiza pela ideia de persistência[2]. Eis a explicação que justifica, com toda a naturalidade, a conservação que ocorreu, na ordem jurídica republicana, de relevantíssimas zonas do direito privado contidas no Código Civil de 1867.

A Primeira República nunca poderia forjar, de golpe, um direito português inteiramente novo. Um deslumbre mirífico, mesmo para aqueles ramos de direito mais permeáveis aos

---

[1] Ver Decreto de 31 de Dezembro de 1910, artigo 11.º.

[2] Sobre a historicidade jurídica e o seu peculiar sentido, ver RUI MANUEL DE FIGUEIREDO MARCOS, *A História do Direito e o seu Ensino na Escola de Coimbra*, Coimbra, 2008, págs. 23 e segs..

embates políticos. Não coube no possível fazer florir, a um pronto, códigos normativos afeitos aos ideais republicanos. A despeito disso, não custa admitir que um largo espectro da legislação imediatamente posterior à implantação da República tenha conhecido um processo de gestação que, decerto, se iniciara bem antes.

Elucidativo paradigma do que se acaba de salientar forneceu-o o direito administrativo. Como o Governo Provisório não trazia no bolso um código administrativo devidamente afeiçoado aos imperativos triunfantes, viu-se compelido a fazer revigorar um corpo legislativo vindo da Monarquia. O episódio que rodeou, por este tempo, o direito administrativo afigura-se deveras interessante. Passamos a explicá-lo.

No dia da proclamação da República encontrava-se em vigor o Código Administrativo de 1896. Logo se pensou na sua substituição, porquanto contaminava-o um forte cunho centralista. As declarações republicanas prometeram o contrário. Daí que o Decreto com força de lei de 13 de Outubro de 1910 se apressasse a achar um remédio para tão momentoso problema.

A solução residiu em chamar do passado monárquico para socorro do presente republicano o Código Administrativo de 1878, que se entretecera na base de princípios liberais, democráticos e descentalizadores. Julgava-se de toda a conveniência «dar satisfação pelo que respeita á oganização administrativa, ás aspirações liberais e democráticas, tanto quanto possível e desde já, enquanto a Nação não legislar sobre tão importantes assuntos, pareceu ao Governo da República dever restabelecer o Código Administrativo aprovado por Carta de Lei de 6 de Maio de 1878, na parte em que o seu restabelecimento cause o mínimo de perturbação aos serviços publicos».

Recorda-se que o Código Administrativo de 1878 fora um produto do partido regenerador. Concitara expectativas enormes e acreditou-se que através dele se iriam libertar os corpos administrativos locais e engrandecer a consciência cívica dos portugueses. Todavia, a instabilidade política traduzida em turbulência legislativa no domínio administrativo não o consentiu[1].

Seja como for, com a graça republicana, o Código Administrativo de 1878 conheceu um segundo fôlego vital. Só que não ficou em palco sozinho. Teve que o dividir com o Código Administrativo de 1896. Estribando-se no artigo 2.º do Decreto de 13 de Outubro de 1910, Magalhães Colaço mostrou à saciedade, por exemplo, que o Código Administrativo de 1896 se conservava em vigor no que tocava à importante disciplina jurídica que regia o contencioso administrativo[2]. A Primeira República, por conseguinte, viu-se confrontada com a insólita situação de haver adoptado não um, mas dois códigos administrativos.

Condenara o Código Administrativo de 1896 a sua estrutura abertamente conservadora declarada incompatível com as novas doutinas do sitema republicano. Impôs-se a revogação,

---

[1] Sobre o frenesim e a inconstância que se apoderaram do movimento codificador administrativo no século XIX em Portugal, ver, por todos, MÁRIO JÚLIO DE ALMEIDA COSTA, *História do Direito Português*, 4.ª ed., com a colaboração de RUI MANUEL DE FIGUEIREDO MARCOS, Coimbra, 2009, págs. 469 e segs.

[2] Ver MAGALHÃES COLAÇO, *Jurisprudência crítica. Sentença de 13 de Março de 1915 do auditor administrativo de Vila Real sr. dr. José Maria de Liz Teixeira e decreto sobre consulta do Supremo Tribunal Administrativo de 15 de Janeiro de 1916*, in «Boletim da Faculdade de Direito de Coimbra», ano III (1916-1917), págs. 197 e segs., em especial, págs. 203 e segs.

«a fim de restituir á vida local incentivos e energias capazes de permitir aos cidadãos uma fecunda actividade administrativa, que engrandeça todos os aggregados nacionaes e fomente o seu desenvolvimento e a sua riqueza, ao mesmo tempo que permitta aos cidadãos uma ingerencia sempre salutar na vida intima da Nação»[1]. Assim se procuraram descansar as consciências liberais e democráticas, do mesmo passo que se afiançavam os propósitos descentralizadores da administração.

É verdade que a Primeira República ainda tentou evitar os confrontos normativos no âmbito do direito administrativo. Bem o prova o Decreto de 25 de Outubro de 1910, que designou uma comissão para esquadrinhar o projecto de um novo código administrativo. Integravam-na, para além do presidente José Jacinto Nunes, que, em 1891, já se envolvera, por conta do partido republicano, num projecto legislativo de pendor descentralista, António Caetano Macieira, José Maria de Sousa Andrade e Francisco António de Almeida.

A comissão desincumbiu-se da tarefa e o ministro do Interior, António José de Almeida, levou, em Agosto de 1911, uma proposta de lei à Assembleia Nacional Constituinte. Nela se privilegiavam os corpos administrativos eleitos, esbatendo intencionalmente o poder das autoridades delegadas do poder central[2]. O destino não a iria favorecer.

---

[1] Trata-se de um extracto do preâmbulo do citado Decreto de 13 de Outubro de 1910.

[2] Para maiores desenvolvimentos, ver MARCELO CAETANO, *A Codificação Administrativa em Portugal. Um século de experiências: 1836-1935*, in «Revista da Faculdade de Direito da Universidade de Lisboa», ano II (1934), págs. 385 e segs.

Diversas vicissitudes, que omitiremos por ociosas às questões centrais, inviabilizaram o código. Em todo o caso, ainda durante a Primeira República, foram-se publicando alguns diplomas de relevo. Não podem ser esquecidos.

Destaca-se a Lei n.º 88, de 7 de Agosto de 1913, que regulou, ao longo de quase duas centenas de artigos, a organização, funcionamento, atribuições e competência dos corpos administrativos. Eram eles, no distrito, a junta geral, no concelho, a câmara municipal e, na paróquia civil, a junta da paróquia[1]. Os membros de tais corpos administrativos saíam de uma eleição directa pelos cidadãos inscritos nos recenseamentos das respectivas circunscrições e serviam pelo período de três anos civis[2]. A lei assentou no princípio de autonomia dos corpos administrativos e numa vistosa excelência democrática. O apelo ao referendo era frequente[3].

Urgia vencer certas deficiências que se detectaram na Lei n.º 88. As respostas surgiram estampadas na Lei n.º 621, de 23 de Junho de 1916. Disciplinou-se a criação de novos concelhos e freguesias, bem como as mudanças de freguesias de uns concelhos para outros. Para além de alguns preceitos que aperfeiçoaram a organização, atribuições e funcionamento dos corpos administrativos[4], a lei sentiu a necessidade impe-

---

[1] Ver Lei n.º 88, de 7 de Agosto de 1913, artigo 2.º.

[2] Ver Lei n.º 88, de 7 de Agosto de 1913, artigo 5.º.

[3] Ver, por exemplo, o § 1.º do artigo 96.º da Lei n.º 88, de 7 de Agosto de 1913.

[4] Segundo o artigo 2 da Lei n.º 621, de 23 de Junho de 1916, as paróquias civis passavam a ter a denominação oficial de freguesias, designando-se agora por junta de freguesia o corpo administrativo até então conhecido por junta da paróquia.

riosa de proceder à regulamentação do *referendum*[1]. Exactamente quando se tratasse de anexações e desanexações ou de criação de concelhos e freguesias, o referendo realizar-se-ia apenas na parte da circunscrição em causa e a sua convocação seria feita pelo corpo administrativo dessa circunscrição no prazo de quinze dias, a contar daquele dia em que tivesse sido entregue um requerimento nesse sentido de, pelo menos, um terço dos cidadãos inscritos por essa mesma parte[2].

Em 1926, continuava a lastimar-se a falta de um código administrativo. Um diploma desse ano confessava a indisfarçável desordem legislativa: «Temos, pelo menos, quatro diplomas fundamentais em vigor: o código de 6 de Maio de 1878, o de 4 de Maio de 1896, a lei já referida n.º 88, de 7 de Agosto de 1913 e a n.º 621, de 23 de Junho de 1916, além de, o que é pior, abundante legislação avulsa, que é, não só dispersa, mas tantas vezes contraditória e outras de condenável técnica jurídica»[3].

Em suma, malograram-se as tentativas de codificação do direito administrativo na Primeira República. Todavia, os diplomas avulsos que se foram publicando não escondem um certo modo republicano de pensar a administração pública portuguesa. Com um travejamento doutrinal distinto, seria preciso aguardar por 1936, para que se assistisse à publicação de um novo código administrativo, que se baseou num projecto de Marcello Caetano.

---

[1] A Lei de 1916 dedicou-lhe todo o capítulo II.

[2] Ver Lei n.º 621, de 23 de Junho de 1916, artigo 11.º.

[3] Estas palavras pertencem ao preâmbulo do Decreto n.º 12:073, de 9 de Agosto de 1926.

8. Um novo direito político. O constitucionalismo republicano e o Sidonismo

A República forjou também um certo direito político. Avulta, à partida, o constitucionalismo republicano. Foi num clima de urgência que decorreu a eleição dos deputados para a Assembleia Constituinte. Tudo se passou de acordo com um minucioso regramento eleitoral.

Pela voz do presidente da Assembleia Constitucional, Braamcamp Freire, Portugal considerou-se uma República democrática. À Assembleia pertencia a missão suprema de institucionalizar a República por meio de uma constituição. O poder executivo mantinha-se entregue ao Governo Provisório, mas só até à eleição do primeiro chefe de Estado, o que aconteceu, em Agosto de 1911, com a elevação a presidente da República do Dr. Manuel de Arriaga.

As dimensões político-constitucionais do republicanismo saído da Constituição de 1911 afiguram-se bem nítidas. Acolheu o princípio da soberania nacional e o regime representativo[1]. Ao invés do republicanismo radical que centralizava na assembleia os poderes de Estado, a Constituição de 1911 aderiu, ostensivamente, à visão clássica da separação de poderes, considerados independentes e harmónicos entre si[2]. O parlamento da Primeira República, que recebeu a designação de Congresso, era composto por duas câmaras: a Câmara dos Deputados e o Senado[3]. Por conseguinte, um sistema bica-

---

[1] Neste sentido, ver J. J. GOMES CANOTILHO, *Direito Constitucional e Teoria da Constituição*, 7.ª ed., Coimbra, 2003, págs. 162 e segs.

[2] Ver o artigo 6.º da Constituição de 1911.

[3] O Senado estaria talhado para o papel conservador que, nas constituições monárquicas, se reservara à Câmara dos Pares.

maral. No recorte da Constituição de 1911, o poder executivo era exercido pelo presidente da República e pelos ministros. Entre estes, haveria um nomeado pelo chefe de Estado que seria o presidente do Ministério.

O ideário republicano constitucionalizou um elenco de direitos fundamentais que, sem novidade, giravam em torno das liberdades públicas dos cidadãos[1]. Ao lado dos há muito consagrados direitos à liberdade, à segurança e à propriedade, surgiram corolários de teor republicano, como a garantia de *habeas corpus*, a liberdade de consciência, de religião e de culto, a defesa dos direitos através do controlo judicial da constitucionalidade das leis[2] ou a possibilidade de existirem outros direitos para além dos indicados na Constituição[3]. De direitos económicos e sociais pouco se fala, à excepção do importante direito à assistência pública.

O constitucionalismo republicano não permaneceu intocado. Houve uma revisão constitucional de pequena dimensão em 1916[4]. Foram apenas duas as alterações. A República portuguesa continuava a não admitir "privilégio de nascimento nem foros de nobreza e extingue os títulos nobiliárquicos e de Conselho". Mas agora os feitos cívicos e os actos militares já podiam ser galardoados com ordens honoríficas, conde-

---

[1] Estão vertidos, principalmente, no artigo 3.º da Constituição de 1911.

[2] O poder legislativo só podia dimanar leis que não ofendessem a constituição e só estas podiam ser aplicadas pelo poder judicial. A fiscalização pelos tribunais da constitucionalidade das leis encontra-se acolhida no artigo 63.º da Constituição de 1911.

[3] Ver o artigo 4.º da Constituição de 1911.

[4] Ver a Lei n.º 635, de 28 de Setembro de 1916.

corações ou diplomas especiais. Se as condecorações fossem estrangeiras, a sua aceitação dependia do consentimento do governo português[1].

A outra mudança, trazida pela revisão de 1916, cifrou-se no acrescento de um novo artigo à Constituição de 1911, que se revestia de um enorme alcance em matéria de direito penal[2]. De acordo com este preceito, a pena de morte e as penas corporais perpétuas ou de duração ilimitada em caso algum poderiam ser restabelecidas, nem mesmo que fosse declarado o estado de sítio, com suspensão das garantias constitucionais.

Quanto à pena de morte, porém, ressalvava-se o caso de conflito com país estrangeiro, contanto que isso se tornasse indispensável. E apenas no teatro da guerra. Uma excepção que se compreende perante a convulsão à escala mundial que se vivia.

Assumindo uma filosofia política dissonante, a presidência de Sidónio Pais, militar e professor da Universidade de Coimbra, durou entre Dezembro de 1917 e Dezembro de 1918. Tempo suficiente para ficar na história, com as designações de *Sidonismo*, *Dezembrismo* ou *República Nova*.

Reflectiu-se, de um ângulo jurídico, na gestação de um pensado Sidonismo constitucional. A mudança nasceu envolta num manto de ilegitimidade, pelo que parece inquestionável aludir-se a uma verdadeira ruptura político-constitucional[3].

---

[1] Tudo isto ficou estabelecido no artigo 1.º do diploma citado na nota anterior.

[2] Aditou-se o artigo 59.º-A ao texto constitucional.

[3] Neste sentido, ver MARCELO REBELO DE SOUSA, *Os Partidos Políticos no Direito Constitucional Português*, Braga, 1983, pág. 178.

A alteração, como adiante se verá, da Constituição de 1911 através de decretos eleitorais exaltou os adeptos da ordem jurídica vigente. Tais diplomas ficaram indissoluvelmente ligados à figura do professor de Direito Martinho Nobre de Melo, então ministro da Justiça[1].

O Sidonismo não escondeu que encerrava uma outra ideia de arquitectura constitucional. Existe mesmo um acabado projecto de constituição sidonista[2]. Para Sidónio Pais, urgia naturalmente promover um golpe legitimador que passaria por uma nova constituição, a qual, uma vez aprovada, a Mesa do Congresso Constituinte, de imediato, decretaria e promulgaria[3].

Uma medida sonante residiu no estabelecimento do princípio do sufrágio universal[4]. Em bom rigor, traduzia apenas um avanço no sentido da universalidade. Passavam a ser eleitores dos cargos políticos e administrativos todos os cida-

---

[1] Ver ARMANDO MALHEIRO DA SILVA, *Sidónio e Sidonismo*, vol. 2, *História de um caso político*, Coimbra, 2006, págs. 146 e seg. Sobre a figura de Martinho Nobre de Melo, ver PEDRO SOAREZ MARTINEZ, *Evocação de Martinho Nobre de Mello*, in «Revista da Faculdade de Direito da Universidade de Lisboa», vol. XLIII – n.º 2 (2002), págs. 1441 e segs.

[2] Pertence a Armando Malheiro da Silva o mérito de o ter resgatado aos fundos do Arquivo Histórico-Parlamentar. O texto do mencionado projecto, com correcções feitas pelo próprio Sidónio Pais, pode consultar-se na obra de ARMANDO MALHEIRO DA SILVA, *Sidónio e Sidonismo*, vol. 2, cit., págs. 401 e segs.

[3] É o que dispunha, expressamente, o artigo 90.º do Projecto da Constituição Política da República Portuguesa de Dezembro de 1918.

[4] A proclamação do sufrágio universal surgiu no Decreto n.º 3:907, de 11 de Março de 1918.

dãos portugueses do sexo masculino, maiores de vinte e um anos, que estivessem no gozo dos seus direitos civis e políticos e residissem em território nacional há mais de seis meses[1]. Não se entendeu que o iletrado fosse incapaz de escolher quem legitimamente o representasse. Demais a mais, perante a melindrosa situação externa, impunha-se que o País desse uma forte impressão de unidade moral que só o sufrágio universal oferecia. A lei concretizava, no fundo, uma aspiração do antigo partido republicano português, em cujo programa, saído em 11 de Janeiro de 1891, se consignava, entre as liberdades políticas ou de garantias, o sufrágio universal.

O Sidonismo não se aquietou com o alargamento do sufrágio eleitoral. Este não bastava para assegurar a genuína representação dos interesses diferenciados do agregado nacional. Sidónio Pais constitucionalizou o pluralismo social, através da adopção do princípio da representação especializada. No Senado, tomaria assento a representação regional e profissional, enquanto à Câmara dos Deputados se reservava a representação política em toda a sua pureza[2].

O Senado recebia membros por cada uma das províncias, pelas ilhas adjacentes, por cada uma das províncias ultramarinas e por cada uma de seis categorias profissionais[3]. Estas constituíam quadros amplissímos, segundo a lei, onde cabiam

---

[1] Eram equiparados aos cidadãos que possuíam a maioridade legal os menores emancipados e os diplomados com um curso superior obtido em qualquer universidade, escola ou academia, tanto portuguesa, como estrangeira.

[2] Ver o artigo 2.º do Decreto n.º 3:997, de 30 de Março de 1918.

[3] As categorias profissionais eram as seguintes: agricultura, indústria, incluindo transportes, caça, pesca e extracções mineiras, comércio, serviços públicos, profissões liberais, artes e ciências.

todos os mesteres e ofícios, todas as artes e profissões, desde as mais nobres às mais humildes. Nenhuma classe ou agremiação ficava esquecida.

O constitucionalismo sidonista promoveu, por outro lado, uma presidencialização do regime. Ao contrário do preceito de 1911 em que a escolha recaía nas câmaras em sessão conjunta, a eleição do presidente da República tornou-se directa e uninominal[1]. Apagou-se a ambiguidade existente quanto à condição de chefe do executivo, determinando-se, expressamente, que ao presidente da República competia nomear e demitir livremente os seus ministros ou secretários de Estado[2]. Aliás, a actuação de Sidónio Pais coincidiu com tal entendimento, quando, após a sua eleição em Abril de 1918, procedeu à remodelação do executivo, reerguendo a designação de secretarias de Estado em vez de ministérios. Sidónio Pais sempre concitara largo apoio popular e agora tinha também por si o texto constitucional.

Com o atentado que vitimou Sidónio Pais faleceu o constitucionalismo sidonista. Nem sequer se aguardou o período de luto pesado pela sua morte[3]. Do Congresso da República proveio a Lei n.º 833, de 16 de Dezembro de 1918, que suspendeu todo o capítulo VI do Decreto n.º 3997, de 30 de Março de 1918, referente à eleição do presidente da Repú-

---

[1] Neste sentido, ver o artigo 116.º, do Decreto n.º 3:997, de 30 de Março de 1918.

[2] Ver o artigo 123.º do Decreto n.º 3:997, de 30 de Março de 1918.

[3] Foram decretados, pela morte de Sidónio Pais, trinta dias de luto geral, sendo os primeiros quinze de luto pesado e os restantes de luto aliviado. Assim o impôs o Decreto n.º 5057, de 15 de Dezembro de 1918.

blica[1]. Até à revisão constitucional, considerava-se em pleno vigor a Constituição Política de 1911[2].

Revisões constitucionais de média dimensão registaram-se de 1919 a 1921. As atribuições do presidente da República foram revistas em 1919. De tomo, assinala-se o acolhimento do poder de dissolução das câmaras legislativas, quando assim o reclamassem "os superiores interesses da Pátria e da República"[3]. A dissolução dependia de consulta prévia ao Conselho Parlamentar. Este novo órgão constituía uma extracção do Congresso, onde se encontravam representadas todas as correntes de opinião[4].

9. O direito colonial republicano

Uma das preocupações cimeiras da Primeira República incidiu no direito colonial. Visou mudar a face jurídica do colonialismo português. Não admira, pois, que a revisão constitucional de 1920 o tomasse como alvo. A expressão "Das colónias portuguesas" virou epígrafe do título V da Constituição de 1911[5].

---

[1] Em causa estavam os artigos 116.º a 121.º do Decreto n.º 3:997, de 30 de Março de 1918.

[2] Ver o § único do artigo 1.º da Lei n.º 833, de 16 de Dezembro de 1918.

[3] Ver o n.º 10 do artigo 1.º da Lei n.º 891, de 22 de Setembro de 1919. Para maiores desenvolvimentos sobre o tema nevrálgico da dissolução parlamentar na Primeira República, é de valiosa consulta a obra de Luís BIGOTTE CHORÃO, *A crise da República e a Ditadura Militar*, Lisboa 2009, págs 288 e segs., em especial, págs. 298 e segs.

[4] Ver o artigo 1.º, n.º 10, § 1.º, da Lei n.º 891, de 22 de Setembro de 1919.

[5] Substituiu-se a epígrafe do título V da Constituição de 1911 "Da administração das províncias ultramarinas".

Há um nítido crescimento do direito colonial constitucionalizado. As colónias portuguesas gozavam, sob a fiscalização da metrópole, de autonomia financeira e de descentralização compatíveis com o desenvolvimento de cada uma[1]. Sem dúvida, um ditame constitucional que permitia prudente flexibilidade e ajuste às condições específicas dos diversos territórios ultramarinos.

Reconheceu-se o princípio da especialidade do direito colonial. Em áreas nevrálgicas para a soberania portuguesa, cabia naturalmente ao Congresso da República fazer as leis orgânicas coloniais e os diplomas legislativos coloniais. No entanto, os governos das colónias, em especial, os governadores, assistidos por conselhos, e, porventura, altos comissários constituíam também peças importantes na administração das colónias que a revisão de 1920 não esqueceu[2].

O edifício do direito colonial não se cingia ao plano constitucional. Em 1914, haviam sido já lançadas as Leis Orgânicas para as colónias que acolheram os lances fundantes da descentralização financeira e administrativa. O direito privado ultramarino não deixava de atender aos usos e costumes locais. Ergueu-se um direito do trabalho africano através de um diploma específico que regulava o trabalho colonial.[3] Vis-

---

[1] É patente o progresso relativamente ao artigo 67.º da Constituição de 1911, em que apenas se assinalava o carácter predominante do regime de descentralização na administração das províncias ultramarinas.

[2] Todas as normas que se mencionaram constam da Lei n.º 1:005, de 7 de Agosto de 1920.

[3] Ver Decreto n.º 154, de 1 de Outubro de 1913, que disciplinava o trabalho indígena colonial.

lumbram-se, portanto, traços da legislação da Primeira República que permitem falar de uma espécie de direito indígena, bem longínqua do direito português metropolitano[1].

10. O direito penal na Primeira República

A exposição sobre as faces jurídicas da Primeira República concita a uma análise do direito penal. É o tema que, em seguida, se apreciará de modo breve, tentando averiguar os traços individualizadores que possam caracterizá-lo.

De início, a legislação penal da República assumiu um patente cariz político e ideológico. Multiplicaram-se as leis de amnistia, com um notório conteúdo decorrente da circunstância histórica. Sem mácula punitiva, ficaram, por exemplo, os crimes contra a religião católica, apostólica, romana, contra a segurança interior do Estado e contra o exercício de direitos políticos[2].

Numa direcção oposta, criminalizaram-se condutas ofensivas da República. Surgiram, neste contexto, as figuras dos crimes contra o presidente do Governo Provisório e contra a autoridade dos seus ministros, tendo como pano de fundo a punição dos actos que visassem destruir a forma republicana

---

[1] Neste preciso sentido, ver OLIVEIRA MARQUES, *A Primeira República Portuguesa*, cit., págs. 98 e seg.

[2] Ver, nomeadamente, o Decreto com força de lei de 4 de Novembro de 1910, artigos 1.º, 2.º e 5.º, e o Decreto com força de lei de 14 de Novembro de 1910, que esclareceu dúvidas sobre a inteligência e aplicação do diploma anterior.

de governo[1]. Os crimes contra as instituições e os crimes de propaganda tendenciosa ou subversiva integravam o mosaico punitivo[2]. Como que o Poder se defendia dos seus inimigos a tiros de lei.

Um enclave de direito penal militar instalou-se durante o período em que durou a Primeira Grande Guerra. A legislação penal ocupou-se de um catálogo de crimes típicos de um cenário de guerra, como os crimes de alta traição ou os crimes de insubordinação e de rebelião. Tipificaram-se os crimes em que devia ser aplicada a pena de morte[3].

10.1 *O modelo do político republicano e a responsabilidade penal dos membros do poder executivo*

No quadro da ética republicana, merece realce a Lei n.º 265, de 27 de Junho de 1914, que definiu o carácter e a extensão da responsabilidade penal dos membros do poder executivo e seus agentes, pelos actos praticados no exercício das respectivas funções. Existia uma infracção punível sempre que

---

[1] Todo o Decreto com força de lei de 28 de Dezembro de 1910 está construído no sentido de erguer uma protecção penal à República nascente.

[2] Ver a Lei de 12 de Julho de 1912.

[3] Como se observou, o § único do artigo 59.º-A da Constituição da República só permitia a aplicação da pena de morte em caso de conflito com país estrangeiro, contanto que tal pena fosse indispensável e apenas no teatro de guerra. O certo é que, conforme o Decreto n.º 2:867, de 30 de Novembro de 1916, assinalava, as forças militares portuguesas já se batiam no teatro de guerra da África Oriental e, em breve, combateriam no teatro de guerra da Europa. Daí que a lei indicasse agora os crimes passíveis de pena de morte.

os membros do executivo atentassem contra a existência política da Nação, a constituição e o regime republicano democrático, o gozo dos direitos políticos e individuais, a segurança interna do País, a probidade da administração, o emprego constitucional dos dinheiros públicos e as leis orçamentais saídas do Congresso[1].

Bem vistas as coisas, a lei procurou esculpir o modelo de político republicano. Íntegro e cumpridor, vencendo as tentações de se prevalecer da autoridade. Sintomático do que acaba de salientar-se foram as infracções tipificadas como crimes contra a probidade da administração e como crimes contra a guarda e o emprego constitucional de dinheiros públicos.

A aceitação de dádiva ou presente para praticar um acto das suas funções e a extorsão de dinheiros ou serviços inseriam-se no âmbito punitivo dos primeiros. A exigência de salários não autorizados por lei ou em proporção maior do que a devida, a participação nos lucros de negócio que dependesse de despacho ou de intervenção de autoridade pública, as concessões feitas e os contratos celebrados sem as formalidades legais, independentemente de intenção maléfica, e os contratos fraudulentos, realizados em benefício de terceiros ou em prejuízo do Estado, caíam na esfera criminalizante dos segundos[2]. Uns davam lugar a degredo temporário, outros puniam-se com prisão maior celular[3].

---

[1] Ver o artigo 6.º da Lei n.º 266, de 27 de Julho de 1914.

[2] Ver os artigos 11.º e 12.º da Lei n.º 266, de 27 de Julho de 1914.

[3] A criminalização das condutas violadoras das leis orçamentais votadas pelo Congresso apresentava-se altamente tutelar da disciplina financeira. Nesta óptica, condutas múltiplas constituíam crime, a saber: contrair encargos para o Estado sem autorização expressa da lei, autorizar, prescindindo do

10.2 *O delinquente e a execução das penas*

O direito penal da República exibia uma fervorosa crença no trabalho como factor de regeneração e, ao invés, detectava nas situações ociosas potenciais focos de criminalidade. Não espanta, assim, a insistência implacável na repressão da mendicidade e da vadiagem. Uma tendência que perpassou também no direito penal de menores da época.

Harmonicamente, o legislador, em matéria de execução das penas, revelava uma reiterada propensão para o recurso ao trabalho. Afirmou-se o princípio do trabalho obrigatório em todos os estabelecimentos penais, de acordo com as aptidões físicas e mentais dos condenados e o meio em que iriam viver quando retomassem a liberdade[1].

Na perspectiva desta legislação, o delinquente era ainda um cidadão que devia servir o País. Fosse no seio de uma casa correcional de trabalho ou de uma colónia penal agrícola, fosse no emprego em trabalhos de utilidade pública, os presos desabituavam-se de cumprir pena na solidão estéril das suas celas[2]. Urgia descongestionar as cadeias e preparar os vadios

---

visto das autoridades competentes, operações de tesouraria que implicassem transferências de fundos para pagamento de despesas públicas e aplicar em fins diversos as verbas orçamentais, excedendo-lhes o limite ou alterando-lhes a designação. A estes crimes cabia a pena de prisão correcional, com multa correspondente.

[1] A proclamação do princípio do trabalho obrigatório encontra-se, por exemplo, no Decreto n.º 1506, de 19 de Abril de 1915. Ao tempo, o ministro da Justiça e dos Cultos era o professor da Faculdade de Direito de Coimbra Guilherme Moreira.

[2] Nos termos do artigo 1.º do Decreto n.º 4:805, de 11 de Stembro de 1918, os presos por crimes comuns, que se achassem em cumprimento de

mais facilmente susceptíveis de emenda para uma reentrada na vida social. Esta realizava-se por meio de um sistema de concessões sucessivas que iam desde a reclusão com trabalho forçado até ao simples trabalho regulamentado e à liberdade vigiada[1].

Por último, cabe acentuar que a Primeira República teve em mente construir o seu próprio direito penal através da elaboração de novos códigos. Um objectivo que fracassou. Várias foram as comissões que se constituíram e se remodelaram em mais de uma ocasião. Haviam recebido a incumbência de formular e propor projectos de Códigos Penal e de Processo Penal e de organização dos serviços prisionais e correccionais[2]. Mas sem resultados assinaláveis para a história do direito penal português.

11. As finanças públicas republicanas e a lei travão

Exorbita naturalmente o âmbito das nossas preocupações a análise das finanças públicas durante a Primeira República. A debilidade crónica que delas se apossara continuou. Ainda povoam a memória de muitos as imagens causticantes da terrível crise de 1891. Um ano trágico da nossa história monetária.

A depreciação cambial que recuava a 1890 persistiu em atormentar-nos. A ruptura política de 1910 desencadeou reacções

---

pena ou em prisão preventiva, poderiam, pelo governo, ser empregados fora das cadeias, durante o dia, em trabalhos de utilidade pública.

[1] Uma Casa Correcional de Trabalho e uma Colónia Penal Agrícola foram criadas pelo artigo 14.º da Lei de 20 de Julho de 1912.

[2] Ver, por exemplo, o artigo 2.º da Lei de 29 de Janeiro de 1913.

adversas à nossa economia. Uma das mais significativas foi a fuga de capitais. Muitos portugueses rumaram ao estrangeiro, consumindo no exílio as rendas dos seus bens. À indisciplina no mercado de divisas juntavam-se as agitações especulativas[1].

O orçamento representa sempre um excelente ponto de observação financeira. Centremos, pois, aí o ângulo de mira. Constituía uma velha aspiração na Monarquia liberal o equilíbrio orçamental. Baldado intento. Na verdade, todos os orçamentos foram deficitários de 1834 a 1910[2].

Os ministros das Finanças da Primeira República mantiveram o voto. Um objectivo que, espantosamente, não tardou a ser atingido. A extinção do défice ocorreu na gerência de 1912-1913. Também a gerência de 1913-1914 fechou com um saldo positivo[3].

O sucesso ficou a dever-se ao titular da pasta das Finanças Afonso Costa. Uma das peças estruturantes da reforma saneadora das finanças que empreendeu foi a chamada «lei travão». Tratava-se da Lei de 15 de Março de 1913. Convém não perder de vista o enorme alcance disciplinar das suas normas.

Durante o período da discussão do orçamento geral do Estado, estava vedada aos deputados a faculdade de apresentar quaisquer propostas que implicassem aumento de despesas

---

[1] Ver MARCELO CAETANO, *A depreciação da moeda depois da guerra*, Coimbra, 1931, págs 272 e segs., em especial, págs. 276 e segs.

[2] A história do défice é, como bem sublinha Armindo Monteiro, a história das finanças portuguesas. Sobre os défices orçamentais no século XIX em Portugal, ver ARMINDO RODRIGUES MONTEIRO, *Do Orçamento Português*, tomo I, Lisboa, 1921, págs 58 e segs.

[3] A quantificação desses dois saldos positivos pode encontrar-se em OLIVEIRA SALAZAR, *A reorganização financeira. Dois anos no Ministério das Finanças*, Coimbra, 1930, pág. 64.

ou envolvessem diminuição de receitas. Mais. O governo considerava-se dispensado de dar execução imediata às leis promulgadas posteriormente ao orçamento, a começar no de 1912-1913, que suscitassem acréscimo da despesa ou diminuição da receita, desde que não tivessem sido criadas e realizadas receitas compensadoras.

Sobre o governo impendia apenas um dever de fundamentação. Na verdade, tinha de manifestar, perante o congresso da República, os motivos que o haviam levado a não dar execução às leis votadas. Bastaria mostrar que elas desencadeavam aumento de despesas ou diminuição de receitas[1].

O espantoso é que a lei travão encerrava em si própria um mecanismo que impedia as iniciativas que a visassem afastar no futuro. Sempre que o orçamento apresentasse défice não poderiam os ministros ou os deputados propor a revogação dos preceitos contidos na lei. E, mesmo que essa revogação chegasse a ser votada, reputava-se suspensa até que entrasse em vigor um orçamento sem défice[2]. O princípio do equilíbrio orçamental impunha-se, portanto, a todas as luzes.

As reformas da contribuição predial e das execuções fiscais ajudaram ao nivelamento orçamental. Mas não foi tanto pelo lado das receitas que as contas públicas se recompuseram. O grande contributo residiu na forte compressão das despesas[3].

---

[1] Ver Lei de 15 de Março de 1913, artigo 4.º.

[2] Expressamente neste sentido pronunciou-se o artigo 6.º da Lei de 15 de Março de 1913.

[3] Neste sentido, ver ANTÓNIO SOUSA DE FRANCO, *As Finanças Públicas na I República: A continuidade das Finanças Débeis*, in «História Contemporânea de Portugal», direcção de JOÃO MEDINA, tomo II, Lisboa, 1986, págs. 167 e seg.

O eclodir da guerra trouxe consequências devastadoras. Abalado o equilíbrio financeiro, económico e social, reapareceu o défice e continuou a aumentar mesmo após o armistício. Conforme lucidamente escreveu Anselmo de Andrade ainda no meio da fogueira a crepitar, «Portugal entrou mal na guerra, e saiu dela pior. Pelo que se vê, e pelo que se está sentindo, é isto que se sabe, mas só isto. A verdadeira realidade é completamente ignorada... Temos a nossa economia perturbada, e as nossas finanças talvez irremediavelmente desconjuntadas. Economicamente, agigantou-se o nosso *deficit* comercial e mais que triplicou o custo de vida. Financeiramente, temos despesas públicas umas poucas vezes maiores do que as receitas e uma dívida nova que não se sabe bem o que seja»[1]. O segredo em torno das finanças públicas atormentava.

O equilíbrio do orçamento encerra um importante valor sob o ponto de vista da disciplina financeira. Além disso, desencadeia um forte efeito psicológico. Inevitavelmente, ao equilíbrio do orçamento o público associa a ideia de estabilidade económica. Esta ideia, como ensinava Teixeira Ribeiro, recua, entre nós, à grande inflação de 1916-1924, em que o nível de preços se viu multiplicado por vinte[2].

Até 1924, os sucessivos défices foram pagos, principalmente, com emissões de notas do Banco de Portugal, o que conduziu a uma apreciável desvalorização da nossa moeda.

---

[1] Ver ANSELMO DE ANDRADE, *As Finanças da República depois da Guerra*, in «História Contemporânea de Portugal», direcção de JOÃO MEDINA, tomo II, cit., pág. 173.

[2] Ver JOSÉ JOAQUIM TEIXEIRA RIBEIRO, *O abandono do equilíbrio do orçamento ordinário*, in «Boletim de Ciências Económicas. Suplemento ao Boletim da Faculdade de Direito», vol. XIX (1976), págs. 57 e seg.

Na verdade, o Estado habituara-se a financiar um grande volume das suas despesas públicas através de empréstimos contraídos junto do Banco emissor[1]. Não admira, pois, que o desiquilíbrio do orçamento passasse a ser lembrado como causa da inflação.

Um esplêndido retrato da situação do País em plena crise proporcionou-o Fernando Emygdio da Silva, numa conferência que proferiu na Associação Comercial de Lisboa em 30 de Janeiro de 1924. Era na desconfiança do Estado que radicava a origem da crise. E, conforme sublinhou, «a desconfiança do Estado, justamente porque ele não sabe regular os seus gastos e tem de pagar com notas que emite a mais aquilo que não logra gastar a menos. Com uma agravante ainda: de que no país se radicou a impressão de que estamos numa cadeia sem fim, sem desvio e sem remédio... O próprio volume das notas emitidas não explica a extensão da crise. O que explica esta é o mêdo das notas que estão por emitir ainda e que longe de tomarem o caminho do desconto tomamos caminho do Estado para, num orçamento em desordem perpétua, cobrir a sagrada eternidade do deficit»[2].

Apesar dos meritórios esforços de Álvaro de Castro em matéria cambial e nos capítulos financeiro e fiscal, cujos efeitos benéficos se sentiram entre 1924 e 1928, o défice persistiu[3].

---

[1] A dívida do Estado ao Banco que andava, em 1913, por 71.000 contos, subia, em 1918, para 228.000 contos e, em 1924, ascendia já a cerca de 1.600.000 contos. Ver OLIVEIRA SALAZAR, *A reorganização financeira,* cit., pág. 65.

[2] Ver MARCELO CAETANO, *A depreciação da moeda depois da guerra,* cit., págs. 362 e segs.

[3] Sobre as providências tomadas por Álvaro de Castro, ver ANTÓNIO DE SOUSA FRANCO, *As Finanças Públicas na I República,* in loc. cit., págs 171 e seg.

Entretanto, o panorama trasfigurou-se. De 1928 a 1932, os orçamentos passaram a ser superavitários, mas ainda segundo a velha concepção do orçamento efectivo. A partir daí, continuaram a sê-lo, agora à luz do orçamento ordinário. É que, com o Decreto n.º 15 465, de 14 de Maio de 1928, Salazar ditou o abandono do equilíbrio do orçamento efectivo e acolheu o equilíbrio de orçamento ordinário[1].

A mudança tinha um enorme alcance. Na lição transparente de Teixeira Ribeiro, permitia recorrer ao crédito para cobrir não apenas as despesas não-efectivas que se reduzem às despesas com o reembolso dos empréstimos e com a concessão de empréstimos pelo Estado a entidas privadas. O mesmo acontecia com todos os restantes despesas extraordinárias, entre as quais, as de fomento económico, de que o desenvolvimento do País tanto carecia[2]. A ruptura com o passado, no regramento das finanças públicas, estava consumada.

12. A questão religiosa na Primeira República

Continuemos o propósito de observar algumas das matrizes essenciais do reformismo jurídico republicano. Uma das mais salientes tocou a questão religiosa[3]. Marcava a ordem

---

[1] Ver José Joaquim Teixeira Ribeiro, *Lições de Finanças Públicas*, 5.ª ed., Coimbra, 1995, pág. 95, nota 2.

[2] Ver José Joaquim Teixeira Ribeiro, *O abandono do equilíbrio do orçamento ordinário*, in loc. cit., págs. 59, e seg.

[3] Para uma abordagem às raízes próximas do problema, ver Vítor Neto, *Igreja Católica e Anticlericalismo (1858-1990)*, in "A República no Brasil e em Portugal (1889-1910)", coordenação de Amadeu Carvalho Homem/Armando Malheiro da Silva/Artur Césa Isaía, Coimbra, 2007, págs. 165 e segs.

do dia um arrebatado anticlericalismo. Foram revigorados, como leis da República, alguns diplomas pombalinos e um decreto liberal de 1834[1], que tinham proscrito a Companhia de Jesus em Portugal e que haviam feito desaparecer os conventos, mosteiros, colégios e ofícios de todas as ordens regulares[2]. Os seus bens passaram a pertencer ao Estado[3]. E, sem hesitação, declarou-se extinta a vida em comunidade religiosa[4].

Convinha arredar a Igreja dos destinos do País e omitir deliberadamente os sinais visíveis do catolicismo. O ensino da doutrina cristã desapareceu das escolas[5]. A crença inquebrantável numa educação dominada pelos valores do civismo e do patriotismo procurou impôr-se na formação que o Estado proporcionava. Baniram-se os juramentos de inspiração religiosa, quer na Universidade de Coimbra[6], quer na adminis-

---

[1] Em causa estavam a Lei de 3 de Setembro de 1759, a Lei de 28 de Agosto de 1767 e o Decreto de 28 de Maio de 1834.

[2] Este violento quadro normativo resultou de um Decreto de 8 de Outubro de 1910.

[3] É certo que as congregações religiosas haviam sido readmitidas discretamente, ao abrigo do Decreto de 18 de Abril de 1901. Por isso, o artigo 4.º do citado Decreto de 8 de Outubro de 1910 se apressou a proclamar a sua nulidade.

[4] Para efeitos legais, entendia-se que viviam em comunidade os religiosos que residissem ou se ajuntassem na mesma casa, ou sucessiva ou alternadamente, em diversas casas, em número excedente a três.

[5] Assim o determinou um Decreto de 22 de Outubro de 1910.

[6] Sugestivamente, tornou-se facultativo o uso da capa e batina, na Universidade de Coimbra, como hábito escolar dos alunos. Afirmou-se também terem ficado para todo o sempre abolidos os juramentos do reitor, lentes, oficiais da Universidade e alunos. Por maioria de razão, desaparecia o juramento da Imaculada Conceição.

tração pública. O único bem que um cidadão republicano podia empenhar era a sua honra de que cumpriria, com fidelidade, as funções que lhe eram confiadas[1].

12.1 *O registo civil obrigatório*

O cidadão da República devia desligar da Igreja os momentos cruciais da sua vida. Por isso se instituiu o registo civil obrigatório, em nome da fixação autêntica da individualidade jurídica de cada cidadão. Passou a ser imperativa a inscrição no registo civil dos factos essenciais relativos ao indivíduo, à família e à composição da sociedade, designadamente, nascimentos, casamentos e óbitos. Do registo civil constariam também, numa sequência lógica, os reconhecimentos e legitimações dos filhos, os divórcios e as declarações de nulidade e anulações dos casamentos. No fundo, qualquer acto ou facto relativo ao estado civil[2].

12.2 *A "Lei da Separação do Estado das Igrejas"*

Emancipado o cidadão da Igreja, convinha agora desenredar o Estado das teias religiosas. Uma tarefa de que se desincumbiu a denominada "Lei da Separação do Estado das

---

[1] Consultar o Decreto de 18 de Outubro de 1910. Ver, *supra*, pág. 24, nota 1.

[2] Ver os artigos 1.º e 2.º do Decreto com força de lei de 18 de Fevereiro de 1911, que aprovou o Código do Registo Civil.

Igrejas", de 20 de Abril de 1911[1]. Imbuída de um radicalismo atribuído ao ministro Afonso Costa, a lei suscitou desencontradas reacções[2]. Idolatrada por uns como libertadora, malquista por outros como vexatória e iníqua, alimentou vivos debates[3]. Não se duvidará, todavia, que, não obstante a amplitude da lei, o que verdadeiramente estava em causa era a Igreja católica

A "Lei da Separação" reconhecia plena liberdade de consciência a todos os cidadãos portugueses e aos estrangeiros que habitassem o território português. A religião católica, apostólica, romana deixava de ser a religião do Estado, admitindo-se as diversas confissões religiosas, a título de agremiações particulares, contanto que não ofendessem a moral pública, nem os princípios do direito político português. Em alguns aspectos, a "Lei da Separação" mais se tornou um diploma de incorporação. Assim, no que tocava à integração do vasto património da Igreja no domínio público.

Remetia-se, definitivamente, o catolicismo para a consciência individual. Não assumia senão o valor privado de um

---

[1] É esta a exacta epígrafe do Decreto com força de lei de 20 de Abril de 1911, saído do Ministério da Justiça. Ver JOÃO SEABRA, *O Estado e a Igreja em Portugal no Início do Século XX. A Lei da Separação de 1911*, Cascais, 2009, págs. 83 e segs.

[2] Ver EURICO CARLOS ESTEVES LAGE CARDOSO, *Afonso Costa (1879--1937). O político mais amado e mais odioso da Primeira República*, Lisboa, 2010, pág. 37 e segs.

[3] Por exemplo, Guerra Junqueiro foi muito crítico. Afirmou, com subida frontalidade: "A lei é estúpida, dignifica o padre e vai ferir o sentimento religioso do povo português. Resultado: a guerra civil. Se não a modificarem, temo-la dentro de pouco tempo". Ver JOAQUIM VERÍSSIMO SERRÃO, *História de Portugal*, cit., vol. XI, Lisboa, 1995, pág. 80.

culto doméstico de alguns, a quem o Estado atribuía uma licença para a prática de cerimónias religiosas em catedrais, igrejas e capelas, que a própria lei declarava pertença e propriedade do Estado[1]. Cessava o financiamento público à Igreja. Apenas se permitia que os católicos se associassem em ordem à angariação dos meios necessários ao sustento do culto. Ainda assim, porém, tais associações ficavam sob a fiscalização de certas autoridades administrativas, nomeadamente das juntas de paróquia que receberam a incumbência de verificação do cumprimento das leis por parte das corporações encarregadas do culto[2]. A República, doravante, respiraria livremente, porque liberta da religião que se entendia contaminadora dos seus ideais[3].

13. A Primeira República e o direito privado

Não se estranhará que os ventos de mudança se comunicassem ao direito, sobretudo, nos domínios jurídicos mais sensíveis e convocáveis ideologicamente. No âmbito do direito privado, assim aconteceu, de modo mais expressivo, com o direito da família. As fracturas ocorreram, em consequência de um conjunto de diplomas que obedeciam a idênticas marcas genéticas.

---

[1] Ver os artigos 7.º, 8.º e 62.º da "Lei da Separação do Estado das Igrejas".

[2] Ver, em especial, o artigo 24.º do diploma citado na nota anterior.

[3] Sobre as questões patrimoniais e económicas que a Lei de 20 de Abril de 1911 suscitou, ver ALEJANDRO TORRES GUTIÉRREZ, *El derecho de libertad religiosa en Portugal*, Madrid, 2010, págs 91 e segs.

13.1 Transformações no âmbito do direito da família

Passo fulcral logo resultou da admissibilidade da dissolução do casamento por divórcio. Uma novidade que o Decreto de 3 de Novembro de 1910 introduziu. Admitia-se que o divórcio fosse pedido por um dos cônjuges ou por ambos conjuntamente. O primeiro dizia-se litigioso e tinha um conjunto taxativo de causas legítimas[1]. Ao segundo chamava-se divórcio por mútuo consentimento e só podia ser obtido se os cônjuges estivessem casados há mais de dois anos e tivessem ambos completado, pelo menos, vinte e cinco anos de idade[2]. A significar que se exigia aos cônjuges uma relevante maturidade e uma duração ao casamento que, em princípio, afastaria gestos precipitados.

Com o Decreto n.º 1, de 25 de Dezembro de 1910, o casamento tornou-se um contrato puramente civil. Aliás, a certidão do registo civil passou a constituir o único meio de prova da celebração do casamento contraído na República[3]. A mudança foi enorme. É que o Código de Seabra, se acolheu, pela primeira vez no nosso direito, o casamento civil, consentiu que, a seu lado, subsistisse o casamento católico. Havia assim um casamento civil para os não católicos e um casamento católico para os católicos.

A República instituiu, por conseguinte, uma só forma de casamento: o casamento civil. Um contrato que, na sua definição jurídica, assumia patente inconfessionalidade e desprendia-se da característica da perpetuidade. A isso conduzira o

---

[1] Ver o artigo 3.º do Decreto de 3 de Novembro de 1910.
[2] Ver o artigo 35.º do Decreto de 3 de Novembro de 1910.
[3] Ver o artigo 45.º do Decreto n.º 1, de 25 de Dezembro de 1910.

aparecimento do divórcio no nosso direito. Todavia, visto que o divórcio era, por natureza, excepcional, o casamento civil continuou a presumir-se perpétuo[1].

A protecção dos filhos mereceu os cuidados da República através de uma concepção alargada da filiação[2]. Na mente do legislador não estiveram só os filhos legítimos, mas também os ilegítimos, isto é, os nascidos fora do matrimónio porquanto, à excepção dos incestuosos, todos os filhos ilegítimos podiam ser perfilhados[3]. A força legitimadora do casamento projectava-se para trás e para diante. À imagem dos filhos tidos por legítimos, que nasciam dentro dos trezentos dias subsequentes à dissolução do casamento, do mesmo modo, o matrimónio legitimava sempre os filhos, nascidos antes dele, das pessoas que o viessem a contrair[4].

Pelo que se refere ao direito da família consagrado pela República, observam-se mais dois aspectos inovadores. Um

---

[1] A presunção de perpetuidade, que o artigo 2.º do Decreto n.º 1, de 25 de Dezembro de 1910 preceituava, tinha um importante alcance jurídico. Não só excluía a possibilidade de celebração de casamentos a termo ou sob condição, como arredava o estabelecimento de quaisquer normas especiais respeitantes à sua dissolução, que não fossem os fundamentos taxativamente acolhidos pela lei do divórcio. Neste sentido, ver GUILHERME BRAGA DA CRUZ, *Direito de Família*, 2.ª ed. revista e actualizada pelo Prof. Dr. PIRES DE LIMA, e em harmonia com as lições feitas ao curso do IV ano jurídico de 1941-42, vol. I, Coimbra, 1942, pág. 18.

[2] Ver o Decreto n.º 2, de 25 de Dezembro de 1910, subordinado ao título "Lei da protecção dos filhos".

[3] Os filhos incestuosos consideravam-se não perfilháveis. Estes só tinham o direito de exigir de seus pais os alimentos necessários. Em tudo o mais, eram havidos por inteiramente estranhos aos pais e à sua família. Ver o artigo 51.º do Decreto n.º 2, de 25 de Dezembro de 1910.

[4] Ver os artigos 1.º e 2.º do mesmo diploma.

deles, relativo ao direito dos menores, surge disciplinado no Decreto de 27 de Maio de 1911. Procurou defender os menores em perigo moral, os menores desamparados e os menores delinquentes.

A outra providência inédita consistiu na admissibilidade do regime de separação de pessoas e bens por mútuo consentimento. Nele se lograva o objectivo moralizador de conservar reservados os seus fundamentos, mantendo o bom nome e a reputação dos cônjuges. Tanto mais que às crenças religiosas da maioria da população portuguesa ainda repugnava o recurso ao divórcio[1].

13.2 *Transformações no âmbito do direito sucessório*

A Primeira República tendeu a não deixar intocados outros domínios do direito privado socialmente conformadores. Aí se inscrevem as debatidas reformas do direito sucessório e dos contratos de arrendamento e de enfiteuse. Comecemos pelas primeiras.

O Decreto de 31 de Outubro de 1910 fez girar o direito sucessório português em torno da noção de legítima, menosprezando a expressão quota disponível[2]. Entendia-se por legí-

---

[1] Foi este um dos argumentos do Decreto n.º 4:343, de 30 de Maio de 1918, que criou a separação de pessoas e bens por mútuo consentimento.

[2] Para uma exposição histórica acerca do âmbito da liberdade de testar e da legítima, ver M. J. ALMEIDA COSTA, *A liberdade de testar e a quota legitimária no direito português. Em especial, o confronto do regime do Código Civil de 1867 com a evolução subsequente*, in «Revista da Ordem dos Advogados», ano 57 (1997), págs. 943 e segs.

tima a porção de bens de que o testador não podia dispor, visto que a lei a destinava aos herdeiros em linha recta descendente ou ascendente. Em princípio, tal porção representava metade dos bens do testador[1]. Com uma excepção. Se o testador só tivesse, ao tempo da sua morte, outros ascendentes que não fossem pai e mãe, a legítima consistia na "terça" dos bens da herança[2].

13.3 *Transformações no âmbito do direito dos contratos*

Aumentar a responsabilidade familiar e social dos indivíduos constituiu uma das linhas informadoras do direito privado do período em análise. Reponderou-se, em termos globais, o contrato de arrendamento de prédios urbanos, através do Decreto de 12 de Novembro de 1910. Foi o primeiro diploma a ficar conhecido por "Lei do Inquilinato"[3]. Um texto controverso que, no dizer de Barbosa de Magalhães, "se viu objecto de viva campanha, uma das maiores que se têm feito contra as leis do novo regime"[4].

---

[1] Mudando de ângulo, embora não de solução, mas já em sinal de respeito do princípio da liberdade de testar, o artigo 3.º do Decreto n.º 5644, de 10 de Maio de 1919, assinalava que o testador podia sempre dispor livremente de metade dos bens, excepto no caso do n.º 2 do artigo 2.º do Decreto de 31 de Outubro de 1910.

[2] Ver o artigo 4.º do Decreto de 31 de Outubro de 1910.

[3] Continuou em vigor para o arrendamento de prédios rústicos o regime consagrado no Decreto de 30 de Agosto de 1907.

[4] Ver José Pinto Loureiro, *Tratado da Locação*, vol. I, Coimbra, 1946, págs. 55 e segs., e nota 2.

O valor da certeza repassava o contrato de arrendamento urbano da República[1]. Devia constar sempre de título autêntico ou autenticado e, nas freguesias onde não houvesse notário público, valeria o contrato assinado pelas partes e testemunhas, na presença de qualquer funcionário do Estado ou de indivíduo que presidisse a corporação com autoridade pública. A renda dos prédios urbanos seria sempre paga em dinheiro e em moeda portuguesa corrente, não podendo o senhorio, durante um ano, aumentar o montante da renda, embora esta fosse de estipulação livre. O contrato de arrendamento, que tantas vezes ocupou o legislador da República, acicatou também um direito fiscal materialmente considerado mais justo[2]. Disso se tornou paradigma a extinção da chamada "contribuição de renda de casas".

Outro contrato que recebeu um golpe de pendor republicano, avesso às suas profundas raízes medievais, foi a enfiteuse. Vibrou-o o Decreto de 23 de Maio de 1911, que concedeu aos enfiteutas e subenfiteutas de qualquer prazo a faculdade de remissão do ónus enfitêutico. Para além de libertar os foreiros, representava uma forma de tornar perfeita a propriedade imobiliária, valorizando-a e facilitando a sua transmissão. Pretendia-se assim remover um obstáculo ao desenvolvimento económico e ao progresso da agricultura.

---

[1] Uma preocupação que logo se notou na Portaria de 23 de Janeiro de 1911, pela qual foi nomeada uma comissão que recebeu a incumbência de codificar todas as normas em vigor sobre o arrendamento urbano e de apresentar propostas, mas sem desvirtuar o espírito da nova legislação.

[2] Os diplomas de maior importância posteriores à Lei do Inquilinato de 1910 foram, sem dúvida, o Decreto n.º 4 499, de 27 de Junho de 1918, e o Decreto n.º 5 411, de 17 de Abril de 1919. Este revogou as leis monárquicas e as de Afonso Costa.

14. O universo jurídico-laboral na Primeira República

Um dos rostos expressivos da Primeira República deu-se a conhecer no mundo laboral. Começara a vibrar mais intensamente a questão social. Não admira, pois, que o direito do trabalho português entrasse em fase de afirmação. Uma mudança cujos contornos só se podem compreender plenamente por contraste com o panorama anterior.

Os Códigos oitocentistas, repassados por um individualismo absorvente, desviaram os olhos das questões sociais. No primeiro Código Civil português, o Código Civil de 1867, apenas surgem disciplinados, e numa pura óptica civilista, o contrato de prestação de serviço doméstico e o contrato de servido salariado ou de jornaleiros. É deveras sintomático que tenha merecido uma muito mais espacejada atenção normativa o contrato de serviço doméstico, o que retira a mínima margem de dúvida quanto ao apagamento jurídico do trabalho salariado ou fabril.

Por serviço doméstico entendia-se aquele que era prestado temporariamente a qualquer pessoa por outra, que com ela convivesse, e mediante certa retribuição[1]. O contrato de prestação de serviço doméstico reunia, pois, três características distintivas: natureza temporária, retribuição e convivência entre as partes.

Diferente recorte assumia o contrato de serviço salariado. Representava o serviço que qualquer pessoa prestava a outra, dia por dia, ou, hora por hora, mediante certa retribuição relativa a cada dia e a cada hora, retribuição essa denominada

---

[1] Ver artigo 1380.º do Código Civil de 1867.

salário[1]. No plano dogmático, desvenda-se, em golpe antecipador, a ideia de subordinação jurídica que se viria a tornar uma marca decisiva da relação de trabalho. Na verdade, nos termos do artigo 1392.º do Código Civil, o serviçal assalariado obrigava-se a efectuar o trabalho a que se propunha, de acordo com as ordens e direcção da pessoa servida. Se o não fizesse, poderia ser despedido antes que findasse o dia, pagando-se-lhe as horas de serviço prestado.

Em Portugal, o século XIX não terminaria sem que surgisse um conjunto de diplomas com enorme relevância no específico campo laboral. Poderá mesmo dizer-se, sem ousadia, que o crepúsculo do século XIX trouxe o alvorecer do direito do trabalho no nosso país. Povoaram as leis temas tão importantes como as condições de trabalho, a protecção do trabalho das crianças e das mulheres, o tempo de trabalho e do descanso semanal, as associações de classe e a instituição dos tribunais de árbitros-avindores enquanto inédita jurisdição com competência especializada no âmbito laboral.

Pelo início do século XX, Marnoco e Souza, prestigiado professor da Faculdade de Direito de Coimbra, ainda lastimava o facto de o Estado se mostrar incapaz de formular uma verdadeira legislação social, em harmonia com os ditames da razão, da moral e do direito. Os municípios é que tinham ensaiado suavizar os traços abstencionistas e crispantes de uma concorrência implacável. Daí que Marnoco e Souza sufragasse a doutrina do «socialismo municipal». Deplorava o pauperismo da classe operária, advogava o banimento do «*sweating-system*» e defendia a emancipação do direito do

---

[1] Ver artigo 1391.º do Código Civil de 1867.

trabalho relativamente aos cânones tradicionais do direito civil. Na condição de Presidente da Câmara Municipal de Coimbra, o Mestre concretizou muitas das suas lições[1].

14.1 Reforço dos direitos dos operários

Mal se implantou, o regime republicano, logo em Outubro de 1910, mergulhou na tutela do mundo do trabalho. As preocupações operárias sobressaltaram-no à nascença[2]. É deveras sintomático o Decreto de 26 de Outubro de 1910, que, em certas áreas fabris, proibiu o trabalho de menores, com idade inferior a dezasseis anos. Haviam-se tornado frequentes os desastres que ocorriam nas máquinas de fabricar papel e de fabricar telhas e ladrilhos, em que muitos industriais utilizavam o trabalho de menores na execução de serviços perigosos. Daí que a lei os julgasse impróprios de operários com idade inferior a dezasseis anos. As faltas de atenção e de cuidado avolumavam os receios[3].

Não foi só o trabalho de menores que sobressaltou o legislador republicano. Também os direitos das mulheres tra-

---

[1] Ver RUI MANUEL DE FIGUEIREDO MARCOS, *A Figura Insigne do Doutor Marnoco e Souza*, Lousada, 2008, págs 34 e segs.

[2] Para uma síntese do direito do trabalho na Primeira República, ver, por todos, ANTÓNIO MONTEIRO FERNANDES, *Direito do Trabalho*, 15.ª ed., Coimbra, 2010, págs 35 e segs.

[3] Ficou assim vedado «empregar menores até à idade de dezasseis annos em servir as machinas continuas de fabricação do papel e as de moldar telhas ou ladrilhos, as calandras e machinas identicas, em circunstancias que possam dar lugar a ser colhidos pelos cilindros ou peças d'essas machinas».

balhadoras o sensibilizaram[1]. A par do desvelo pelas categorias de trabalhadores frágeis, erigiu-se em alvo de atenção normativa o próprio quadro regulador do trabalho. A duração da jornada de trabalho em diversas áreas de actividade, o descanso semanal e os dias feriados constituíram assuntos nevrálgicos de que o legislador se ocupou.

A questão de descanso semanal pretextou diversas intervenções por parte do legislador. Ainda corria o mês de Dezembro de 1910 quando dois apressados diplomas se pronunciaram sobre o tema. Um concedeu às várias classes trabalhadoras o descanso semanal por vinte e quatro horas[2]. Outro, agora no âmbito da função pública, dispôs que, perante a eventualidade de um dos dias feriados estabelecidos pela Lei de 12 de Outubro de 1910 recair ao Domingo, o dia seguinte passaria a dia de descanso[3].

A agitação grassava no seio das classes trabalhadoras. O ministro do Interior procurou aquietá-las, enfrentando, em Janeiro de 1911, o delicado e complexo problema do descanso semanal e da regulamentação das horas de trabalho. O governo estava bem ciente da insuportável colisão dos interesses em jogo. Por isso, foi de imediato sublinhando que «se é certo que todas as razões fisiológicas, morais e sociais aconselham como providência instante e inadiável regularizar o descanso

---

[1] Afigura-se deveras sugestivo o Decreto de 7 de Janeiro de 1911 que veio determinar que as professoras de instrução primária fossem dispensadas de serviço por espaço de dois meses, durante o último período de gravidez e em seguida ao parto.

[2] Aludimos a um Decreto de 17 de Dezembro de 1910.

[3] Em causa está um Decreto de 30 de Dezembro de 1910, saído da Presidência do Governo Provisório da República.

das diversas classes sociais que se afadigam e extenuam num labor diário constante de muitas horas, é também certo que são muitos os interêsses opostos colidindo entre si, cumprindo ao Governo velar por todos êles e protegê-los a todos»[1].

A delicadeza do tema justificou um modo assaz prudente de actuação. Ao ponto de se sublinhar que o diploma não era publicado enquanto providência legal de contornos definitivos, mas antes assumia um cariz experimental. Sendo, nas palavras do legislador, «a política e a administração Sciências experimentais, como a biologia e a psicologia, donde logicamente emanam e a que indestrutivelmente estão ligadas», a lei sobre o descanso semanal devia obedecer a esse mesmo critério experimental. A sua execução determinaria os aperfeiçoamentos necessários, porventura com os contributos das diferentes classes e corporações.

Apesar das mal disfarçadas hesitações, a lei reconheceu a todo o assalariado o direito a um descanso semanal de vinte e quatro horas seguidas[2]. Gozava-se, via de regra, no Domingo[3]. Aos interessados, às associações de classe e às juntas de paróquia competia fiscalizar a observância dos ditames legais que conferiam o direito a um descanso semanal[4].

---

[1] Estas interessantes considerações pertencem ao preâmbulo do Decreto de 9 de Janeiro de 1911.

[2] Havia naturalmente excepções. Por exemplo, pela índole especial do seu mister, excluíam-se os que trabalhavam nos teatros, cinematógrafos, circos, exposições e quaisquer casas de espectáculos públicos. Ver Decreto de 9 de Janeiro de 1911, artigo 1.º, § 1.º.

[3] Preceito que não se aplicava, designadamente, ao pessoal dos hospitais e casas de saúde, da indústria hoteleira, das agências funerárias, das empresas ligadas ao fornecimento de água e luz, dos serviços telefónicos e das empresas de jornais. Ver Decreto de 9 de Janeiro de 1911, artigo 2.º, § 1.º.

[4] Ver Decreto de 9 de Janeiro de 1911, artigo 4.º.

Tal como se antevira, o tema do descanso semanal foi retomado pelo legislador da Primeira República, volvido muito pouco tempo. Mercê de reclamações apresentadas à comissão encarregada de elaborar o regulamento do descanso semanal no concelho de Lisboa, o Governo Provisório concedeu em introduzir aprimoramentos na lei[1]. Daí que a partir de ligeiras modificadas alvitradas pela mencionada comissão, surgisse o Decreto de 8 de Março de 1911 que veio substituir o de 9 de Janeiro de 1911. O descanso semanal conhecia portanto, em curto espaço, uma nova moldura legal.

Merece um subido realce a recepção no direito português da Convenção Internacional de Berna de 23 de Setembro de 1906 para a proibição do trabalho nocturno das mulheres empregadas na indústria. Cumpriu essa harmonização o Decreto de 24 de Junho de 1911 da lavra do ministério do Fomento. Assim se ditou, entre nós, a proibição do trabalho nocturno a todas as mulheres, de qualquer idade, nos estabelecimentos industriais onde laborassem mais de dez operários e operárias[2]. Uma norma que não se aplicava a empresas familiares[3].

O descanso nocturno duraria, pelo menos, onze horas consecutivas, período em que se devia compreender o intervalo

---

[1] Ocorre lembrar que a regulamentação da lei pertencia às câmaras municipais e devia basear-se, tanto quanto possível, no regulamento do concelho de Lisboa. Ver Decreto de 9 de Janeiro de 1911, artigo 7.º, e Decreto de 8 de Março de 1911, artigo 7.º, § 1.º e § 2.º.

[2] Ver Decreto de 24 de Junho de 1911, artigo 1.º.

[3] Não se consideravam empresas ou estabelecimentos industriais, para efeitos deste diploma, as «indústrias dos espectáculos, da navegação, da lavoura e anexos, da pesca e do sal, da hospedagem e mercantil». Ver o § 2.º do citado artigo 1.º.

das dez horas da noite às cinco da manhã[1]. Nos três anos subsequentes ao decreto e em certas circunstâncias, o descanso nocturno poderia reduzir-se a dez horas[2].

Confinar o tempo de trabalho constituiu uma das grandes preocupações inscritas na política laboral da Primeira República. Para os empregados de comércio, a Lei n.º 295, de 22 de Janeiro de 1915, fixou o limite máximo de trabalho diário em dez horas, além de duas destinadas, intercaladamente, às refeições. Já nas empresas e estabelecimentos industriais, ditou a Lei n.º 296, de 22 de Janeiro de 1915, que o período máximo de trabalho efectivo diário não ultrapassasse as dez horas, nem as sessenta horas por semana[3]. Para o efeito assinalado, a lei reputava empresas ou estabelecimentos industriais aqueles em que laborassem mais de cinco operárias ou operários.

Volvidos quatro anos, registou-se um nítivo avanço nas regalias dos trabalhadores. Os horizontes do Decreto n.º 5:516, de 10 de Maio de 1919, tornaram-se bem mais rasgados. Na verdade, estabeleceu que o período máximo de trabalho diário, quer fosse diurno, nocturno ou misto, dos trabalhadores e empregados do Estado, das corporações administrativas, do comércio e da indústria, não podia exceder oito horas por dia, nem ultrapassar quarenta e oito horas por semana. Apenas escapavam a este regime os rurais e os domésticos, em que se incluíam os criados e os empregados de hotéis e restaurantes[4].

---

[1] Ver Decreto de 24 de Junho de 1911, artigo 2.º.

[2] O tema do trabalho nocturno das mulheres voltava de quando em vez. Consultar, por exemplo, o Decreto n.º 756, de 13 de Agosto de 1914.

[3] Ver MARIA DO ROSÁRIO PALAMA RAMALHO, *Direito do Trabalho*, Parte I. *Dogmática Geral*, Coimbra, 2005, págs. 73 e seg.

[4] De molde a garantir uma melhor execução do preceituado no referido Decreto n.º 5:516, alteraram-se as disposições regulamentares sobre o horário de trabalho através do Decreto n.º 10:782, de 20 de Maio de 1925.

14.2 Abordagem legislativa da greve e do «lock-out» em 1910

A crédito do direito do trabalho da Primeira República encontra-se a promulgação da primeira lei da greve em Portugal. Constituiu uma iniciativa do Dr. Brito Camacho, através da qual assinalou a sua entrada para o Governo Provisório[1]. Ainda não expirara o ano de 1910 e logo o Decreto de 6 de Dezembro de 1910 garantia aos operários bem como aos patrões o direito de se coligarem para a cessação simultânea do trabalho[2]. A par do direito à greve surgia a permissão do *lock-out*. Caía assim, estrondosamente, por terra a velha incriminação da greve prevista no Código Penal de 1886[3].

Do mesmo passo proibiam-se as instigações às coligações operárias ou patronais que se servissem de qualquer modo de coacção, diminuindo a liberdade dos operários ou dos patrões no exercício legal do seu trabalho ou indústria[4]. Se as coligações operárias ou patronais contendessem com um serviço de interesse público, impunha-se um anúncio antecipado ou aviso prévio. Mas não só. Sobre os chefes ou promotores da coligação, quer fosse de operários para não trabalharem, quer fosse de patrões para não oferecerem trabalho, impendia também o dever de a anunciarem à autoridade administrativa,

---

[1] Neste sentido, ver JOAQUIM VERÍSSIMO SERRÃO, *História de Portugal (1910-1926)*, vol. XI. cit., pág. 61.

[2] Ver Decreto de 6 de Dezembro de 1910, artigo 1.º.

[3] Revogou-se expressamente o artigo 277.º do Código Penal.

[4] As violências ou ameaças eram sancionadas criminalmente. Ver Decreto de 6 de Dezembro de 1910, artigo 2.º.

esclarecendo os seus fundamentos e definindo o seu objectivo com precisão[1]. Tudo sob pena de desobediência qualificada.

A função pública vivia debaixo de outro céu. Na verdade, aos funcionários, empregados ou assalariados do Estado ou dos corpos administrativo, independentemente da sua categoria ou da natureza do serviço prestado, ficou a greve interdita em absoluto. Esperava os infractores a «demissão ou despedida do serviço»[2].

Uma leitura jurídica de enorme alcance resulta da frontal discrepância de regimes. O diploma de 1910 não enfrentou a importante questão dos efeitos da greve sobre o contrato de trabalho. Fora do quadro do funcionalismo público pairava o silêncio da lei. Ainda assim, porém, esboçava-se o nítido vislumbre de que a penalização laboral no sector privado não representava um acto de incumprimento do contrato. A greve não se erigia em causa de despedimento.

14.3 *A questão dos acidentes de trabalho*

Uma novidade valiosa da Primeira República resultou da abordagem normativa que levou a cabo no domínio dos acidentes de trabalho. Trouxe consigo a consagração da responsabilidade objectiva das entidades patronais através da teoria do risco profissional[3]. A tese de que os patrões respondiam

---

[1] Ver Decreto de 6 de Dezembro de 1910, artigos 4.º e 5.º.

[2] Neste sentido, ver o artigo 10.º do Decreto de 6 de Dezembro de 1910.

[3] Ver Luís Manuel Teles de Menezes Leitão, *Direito do Trabalho*, Coimbra, 2008, págs. 40 e seg.

sem culpa no âmbito dos acidentes do trabalho recua, entre nós, ao magistério de Marnoco e Souza na Faculdade de Direito de Coimbra[1].

Em 1913, começou-se por conceder aos trabalhadores direito à assistência clínica, medicamentos e indemnizações, sempre que tivessem sofrido um acidente de trabalho, ocorrido por ocasião do serviço profissional e em virtude desse serviço[2]. O retrato legal do acidente de trabalho tracejou-se como «toda a lesão externa ou interna e toda a perturbação nervosa ou psíquica que resultem da acção de uma violência exterior súbita, produzida durante o exercício profissional»[3]. As entidades patronais ficavam responsáveis pelas indemnizações, mas podiam transferir essa obrigação para companhias de seguros ou sociedades mútuas.

A indemnização, se o acidente fosse seguido de morte, dava lugar a uma pensão anual. Para o cônjuge sobrevivo, quando o casamento se tivesse celebrado antes do acidente, a pensão correspondia a vinte por cento do salário anual do operário. Mantinha-se apenas enquanto se mantivesse o estado de viuvez, pois, passando as segundas núpcias, recebia, por uma só vez e a título de indemnização, o triplo da pensão anual. Por seu turno, os filhos legítimos, legitimados ou perfilhados, menores de catorze anos, tinham direito ao equivalente a quinze por cento do salário anual, se houvesse

---

[1] Neste sentido, ver RUI DE FIGUEIREDO MARCOS, *A figura insigne do Doutor Marnoco e Souza*, cit., pág. 36.

[2] Ver Lei n.º 83, 24 de Julho de 1913, artigo 1.º.

[3] Também se consideravam acidentes de trabalho as intoxicações agudas durante e por causa do exercício profissional, e as inflamações das bolsas serosas profissionais. Ver Lei n.º 83, de 24 de Julho de 1913, artigo 2.º, § 1.º e § 2.º.

apenas um. Se existissem quatro ou mais filhos o montante ascendia a quarenta por cento[1].

Já se o acidente motivasse a incapacidade de tabalhar da vítima, esta beneficiava, desde o dia da ocorrência, de uma indemnização segundo o grau de incapacidade. Por exemplo, perante uma incapacidade permanente e absoluta, a pensão atingia os dois terços do salário anual[2]. Resta acrescentar que os direitos conferidos pela lei aos operários eram irrenunciáveis. Todos os contratos que os afastassem encontravam-se feridos de nulidade[3].

14.4 O regime dos seguros obrigatórios de 1919

Em 1919, a lei que consagrava o princípio da responsabilidade patronal nos desastres de trababalho era já considerada uma «das melhores iniciativas da República até agora decretadas como medida de protecção às classes trabalhadoras»[4]. Baseara-se na teoria do risco profissional que entretecia as legislações especiais sobre desastres de trabalho na Inglaterra, França, Itália, Bélgica e Estados Unidos. Até então, no nosso país, a indemnização pelo desastre de trabalho não passava de uma platónica disposição do Código Civil[5].

A experiência de quatro anos de aplicação da Lei n.º 83, de 24 de Julho de 1913, oferecera proveitosas lições. Pelo que

---

[1] Ver Lei n.º 83, de 24 de Julho de 1913, artigo 5.º.
[2] Ver Lei n.º 83, de 24 de Julho de 1913, artigo 6.º.
[3] Ver Lei n.º 83, de 24 de Julho de 1913, artigo 9.º.
[4] Assim a reputava o preâmbulo do Decreto n.º 5:637, de 10 de Maio de 1919.
[5] Em causa estava o artigo 2398.º do Código Civil de 1867.

o Decreto n.º 5:637, de 10 de Maio de 1919, ampliou naturalmente a protecção contra os desastres no trabalho a toda a actividade profissional, pois onde está o trabalho encontra-se o risco. Mesmo no trabalho intelectual. Um alargamento que venceu a acanhada definição anterior de acidente de trabalho. A Primeira República satisfazia assim uma das mais legítimas aspirações das associações profissionais operárias.

De golpe, instituiu-se também um seguro social obrigatório contra desastres no trabalho. Pretendia-se que constituísse um dos sólidos esteios do novo Estado social criado pela República, de maneira a tornar menos tormentosa a vida daqueles que no trabalho encontravam a única garantia da manutenção da existência. O seguro dos salariados e empregados de todas as profissões era um dever imperioso para o patrão[1]. Uma obrigação que se antevia de grande alcance para a futura harmonia e pacificação da sociedade, promovendo a aliança entre o capital e o trabalho.

Extensão tutelar digna dos maiores encómios foi a aplicação do quadro normativo protector aos casos de doenças profissionais devidamente comprovados[2]. Reforçaram-se as garantias de funcionamento das sociedades de seguros e mútuas e melhorou-se, sensivelmente, o aparato técnico do seguro. Ao mesmo tempo, surgiam no nosso país diversos tribunais de desastres de trabalho.

A segurança social na Primeira República forjou-se muito à custa da implantação de seguros obrigatórios. Não pode ficar esquecido o seguro social obrigatório na doença, cujo desenho normativo se encontra no Decreto n.º 5:636, de 10

---

[1] Ver Decreto n.º 5:637, de 10 de Maio de 1919, artigo 1.º, § único.
[2] Ver Decreto n.º 5:637, de 10 de Maio de 1919, artigo 3.º, § 3.º.

de Maio de 1919. Estavam fora de todo o socorro na doença mais de dois milhões e trezentos mil portugueses. A mutualidade livre concentrava-se nos grandes centros de Lisboa e do Porto. Daí que se recorresse ao seguro social obrigatório. A República, resolvendo este problema, como a própria lei acentuava, evidenciava-se perante a história.

Identica via securitária se seguiu nos campos da velhice, da invalidez e da sobrevivência. Numa cruzada humanitária, a mutualidade livre, em Portugal, experimentara um curso histórico benemérito, mas não resolveu o problema. A Primeira República inspirou-se na figura do estadista inglês Lloyd George que, a despeito de fortes resistências, levou o Parlamento britânico a aprovar, em 1912, o *bill* dos seguros sociais obrigatórios contra a doença, invalidez e velhice.

Entretanto, para além da Inglaterra, a mutualidade social obrigatória instalara-se em vários países da Europa, designadamente na Áustria, Alemanha, Dinamarca, Suíça, Suécia e Noruega. E chegara agora ao nosso país, onde nunca sequer se esboçara uma tímida legislação sobre um seguro social obrigatório na invalidez e na velhice.

O Decreto n.º 5:637, de 10 de Maio de 1919, supriu a omissão. Assentava no concurso de deveres e direitos recíprocos entre o patrão e o trabalhador, ligados pelo princípio da obrigatoriedade. Do que se tratava, no fundo, era de acautelar o futuro daqueles que, pelo seu esforço, contribuíam para a produção da riqueza social[1].

---

[1] Conforme rezava o artigo 1.º do Decreto n.º 5:637, de 10 de Maio de 1919, impunha-se, em Portugal, «o seguro social obrigatório contra a invalidez, velhice e sobrevivência para os indivíduos de ambos os sexos que

14.5 *O conhecimento do mundo do trabalho e as Bolsas Sociais de Trabalho*

A relevância de uma avaliação institucionalmente criteriosa do universo laboral não passou despresentida à Primeira República. Criou-se, em 1916, o Ministério do Trabalho e Previdência Social, de modo a prover às necessidades das indústrias e das classes laboriosas[1]. Um desiderato que só se atingiria, elaborando um mapa rigoroso da indústria portuguesa e dos seus recursos. Urgia conhecer a capacidade produtiva do País, a quantidade e a qualidade das oficinas, e o número e a qualificação dos operários que as serviam. Por isso, o Sidonismo decretou o registo do trabalho nacional[2].

Do ângulo inverso, ao Estado importava, também segundo um alvitre sidonista, dispor de um panorama seguro no tocante ao desemprego e às suas causas. Ao ponto veio um diploma que determinou o recenseamento geral de todos os individuos que não trabalhavam. Mas não só. Deviam ser investigadas as causas que justificavam tal situação, cindindo os desocupados em três categorias: os que não trabalhavam por incapacidade física, os que não trabalhavam por motivo moral e os que não

---

exerçam qualquer função de trabalho, em todos os ramos profissionais, dando o seu concurso pelo seu esfôrço e actividade para a produção da riqueza social».

[1] Ver a Lei n.º 494, de 16 de Março de 1916.

[2] Dele deviam constar todos os informes acerca do tecido industrial português, desde as instalações ao pessoal empregado, passando pelas condições da exploração ou de exercício da indústria. Neste sentido, ver o Decreto n.º 3774, de 19 de Janeiro de 1918, artigo 2.º.

trabalhavam por causas sociais[1]. A própria organização da assistência pública ficava a depender dos resultados a que os inquéritos conduzissem.

Debaixo de idênticos cuidados, surgiam, em 1919, as Bolsas Sociais de trabalho, como instituições de utilidade pública, de natureza económica e de previdência social[2]. Tinham de organizar o recenseamento geral de todos os assalariados por empregos e profissões. Promoviam a contratação dos desocupados através de uma rede informativa. De modo a facilitar as colocações, punham em contacto patrões e operários do mesmo ramo de actividade. Davam a conhecer as condições da oferta e da procura no mercado de trabalho, emitindo notas oficiais.

Às Bolsa Sociais de Trabalho assinalavam-se outras missões, no sentido de dotar o País de uma mão-de-obra qualificada. Intentavam elevar o nível moral e profissional das classes laborais, oferecendo conferências que explicassem os princípios da economia geral e que, por outro lado, abordassem os direitos e os deveres cívicos dos trabalhadores. Auxiliavam a educação de teor profissionalizante e, inclusive, receberam a incumbência de organizar cursos nocturnos para os assalariados analfabetos[3]. Bem vistas as coisas, as Bolsas Sociais de Trabalho coligavam as vertentes económica, solidarista, científica e formativa.

---

[1] Para o efeito, os governadores civis nomeavam, em cada um das freguesias das cidades do continente e ilhas adjacentes, uma comissão composta de três homens bons, dos quais um seria médico. Ver Decreto n.º 4:465, de 11 de Junho de 1918, artigo 1.º.

[2] O ano de 1919 foi ainda marcado pela Confederação Geral do Trabalhado.

[3] Ver, em especial, o artigo 2.º do Decreto n.º 5:639, de 10 de Maio de 1919.

14.6 *Um vislumbre da contratação colectiva no direito do trabalho português*

A Primeira República não terminaria sem que se reconhecesse o direito de associação dos trabalhadores[1]. Dispensando a aprovação do governo, um diploma de 1924 permitiu que as associações de classe ou sindicatos profissionais, constituídos legalmente, pudessem congregar-se em federações ou uniões[2]. Apenas se exigiu o respectivo registo no Ministério do Trabalho.

Do mesmo passo, espontou, pela primeira vez, uma menção aos contratos colectivos de trabalho no direito português. Na verdade, as federações ou uniões, conquanto estivessem devidamente registadas, possuíam individualidade jurídica para todos efeitos legais, designadamente, acentuou-o a própria lei de 1924, para celebrar contratos colectivos de trabalho[3]. Uma disposição que se considerava extensiva às associações de classe ou sindicatos profissionais.

Mau grado o conspecto de promessas estridentes dirigidas ao operariado, a Primeira República mostrou-se incapaz de concretizar as expectativas que gerou. As fracturas registadas no movimento operário português em nada ajudaram. As reivindicações exacerbadas em momentos difíceis para o País também não. O certo é que os diplomas laborais republicanos

---

[1] A única lei que até então versava as associações de classe fora o Decreto de 9 de Maio de 1891. Um diploma que a Primeira República reputou antiquado e deficiente.

[2] Ver Decreto n.º 10:415, de 27 de Dezembro de 1924, artigos 1.º e 2.º.

[3] A alusão aos contratos colectivos de trabalho consta do artigo 3.º do citado Decreto n.º 10:415, de 27 de Dezembro de 1924.

conheceram uma assaz reduzida tradução prática. As leis do trabalho pareciam ecos cada vez mais distantes. Além disso, notavam-se omissões clamorosas. A falta de uma lei que regesse o contrato de trabalho era seguramente uma delas. Uma vez mais, a emancipação do contrato de trabalho ficava adiada.

15. Breve apontamento sobre o direito comercial inscrito na Primeira República

A Primeira República soçobrou na tentiva de elaborar um novo Código Comercial. Em 1912/1913, chegou mesmo a ser designada uma comissão subordinada a tal objectivo. À míngua de resultados, continuava em vigor o Código Comercial de 1888, embora visivelmente modificado por numerosa legislação avulsa. A Primeira República limitou-se à realização de mais alguns retoques, com especial incidência no domínio das sociedades comerciais.

Dois aspectos houve que merecem destaque. O de maior vulto tocou a criação das acções privilegiadas. Neste ponto residiu o contributo originário da Primeira República que encerrou uma franca novidade para o direito das sociedades português. O outro veio a situar-se em áreas normativas que se prendiam com a constituição, o governo e a fiscalização das sociedades.

15.1 *Uma nova categoria de acções. As acções privilegiadas*

A economia portuguesa foi-se defrontando, ao longo da Primeira República, com dificuldades que não cessaram de a atormentar. Os reflexos não deixaram de atingir as nossas sociedades comerciais, em particular as sociedades anónimas. Para remediar tamanhos embaraços financeiros, o ano de 1915 trouxe consigo a criação de acções privilegiadas. Uma solução que já se tinha revelado benfazeja para superar situações críticas que se haviam verificado em várias sociedades anónimas de França, Inglaterra, Alemanha, Bélgica, Itália e Estados Unidos. Só graças à emissão e colocação desse papel privilegiado se salvaram da falência e da liquidação.

Vem de molde recordar que a origem histórica das acções privilegiadas recua à primeira metade do século XIX. Floresceram nos Estados Unidos quando se tornou gritante a necessidade de estimular a entrada de novos capitais nas entrementes esvaídas companhias construtoras de caminhos de ferro[1]. É admissível, porém, que a fértil imaginação financeira americana tenha também beneficiado de alguns contibutos europeus. Assim, por exemplo, a ideia de aceitar novas acções com dividendo prioritário bem se pode haver deslocado da Inglaterra para a América[2].

---

[1] Detectaram-se duas gerações históricas de acções preferenciais. As da primeira geração constituíram um meio de os Estados procederem ao financiamento de certas sociedades, exigindo dividendos prioritários ou a prerrogativa de designar administradores. Já as acções preferenciais da segunda geração passaram a ser acessíveis a particulares e serviam, acima de tudo, para atrair fundos acrescidos à sociedade. Nesta óptica, ver a belíssima exposição de PEDRO CANASTRA DE AZEVEDO MAIA, *Voto e Corporate Governance. Um novo paradigma para a sociedade anónima* (dissertação de doutoramento), vol. I, Coimbra, 2009, págs. 628 e segs.

[1] Sobre o tema, ver GEORGE HEBERTON EVANS, *The Early History of Preferred Stock in the United States*, in «American Economic Review», ano 1929, págs. 43 e segs.

O governo da República deu-se conta que algumas sociedades anónimas se viam forçadas a suspender a laboração, enquanto outras foram constrangidas a reduzir drasticamente a sua actividade industrial. Urgia atrair novos capitais. Mas o direito comercial apenas permitia a aquisição de capital por um de dois processos: pela emissão de acções e pela criação de obrigações.

Ora, nem a simples emissão de mais acções ordinárias, que, já desvalorizadas no mercado, não cativavam novos accionistas, nem a criação de obrigações, por gerar encargos acrescidos, que precipitavam a ruína da sociedade, constituíam soluções aceitáveis. De resto, a emissão de obrigações era limitada pelo montante do capital realizado e existente na sociedade anónima[1].

Diante da crise geral que, por causas de ordem interna e externa, se instalara, o governo, instado a fazê-lo, recorreu ao salvífico expediente das acções privilegiadas. Via de regra, constituíam um meio de recompensar alguns sócios e de injectar cabedais frescos. Autorizou-as, pela primeira vez, no panorama societário português, o Decreto n.º 1:645, de 15 de Junho de 1915[2].

Às sociedades anónimas passou a ser permitida, por deliberação de assembleias gerais extraordinárias, não havendo nos respectivos estatutos disposição proibitiva expressa, a emissão de acções de conteúdo privilegiado. Estas conferiam aos seus possuidores preferência, quer sobre os lucros até determinada percentagem, quer sobre o capital, quer sobre ambas as coisas.

---

[1] Neste sentido, ver o artigo 196.º do Código Comercial.

[2] As disposições deste diploma de 1915 aplicavam-se a todas as sociedades anónimas a constituir ou já constituídas.

Instalava-se no nosso país a diferenciação entre os direitos conferidos por cada acção.

Embora os direitos à atribuição de dividendos e à quota de liquidação se revelassem terrenos especialmente propícios a fazer vicejar as acções privilegiadas, não eram os únicos. Mesmo à luz do diploma de 1915. Na verdade, em favor dos accionistas possuidores de acções privilegiadas, também, nos estatutos, se podia estabelecer uma desigual representação de votos nas assembleias gerais[1]. Ao romper da segunda década do século XX, a distinção das acções quanto ao poder de voto vingara de forma crescente no contexto internacional. Em sociedades americanas, chegara-se ao ponto de se consentir a escolha de um administrador por parte dos accionistas privilegiados.

Sem desvanecer o objectivo de atrair novos capitais e novos accionistas, o diploma de 1915, desde logo para não criar um clima hostil em relação aos sócios que se dispunham agora a entrar, mostrou uma prudente atenção para com os sócios antigos. De feição que os accionistas ordinários das sociedades em cujas assembleias se tivesse deliberado a emissão de acções privilegiados gozavam de direito de preferência na sua subscrição, contanto que o fizessem no prazo de seis dias a contar da data de realização das assembleias[2]. Significava isto que as acções privilegiadas ficavam ao alcance de um gesto de vontade por parte de todos os velhos sócios.

E quando a emissão privilegiada fosse em número de acções inferior ao das acções ordinárias, verificando-se um volume de declarações de preferência superior às forças da

---

[1] Neste sentido, ver o § 1.º do artigo 1.º do Decreto n.º 1:645, de 15 de Junho de 1915.

[2] Ver Decreto n.º 1:645, de 15 de Junho de 1915, artigo 3.º.

emissão privilegiada, ocorreria então um sorteio na proporção da titularidade das acções ordinárias. Na hipótese inversa do número de acções privilegiadas ser superior ao das acções ordinárias, o procedimento revelava-se idêntico, agora em relação à parcela excedentária das primeiras acções sobre as segundas.

O trajecto das acções privilegiadas durante a Primeira República viria a revelar-se acidentado. Alguns meses volvidos após a sua aparição, a Lei n.º 340, de 2 de Agosto de 1915, resolveu suspender, até ulterior resolução do Parlamento, o decreto que as adoptava. O mais surpreendente é que o fez sem a mínima justificação, escondendo os seus propósitos e não mencionando sequer os inconvenientes a que acaso se propunha debelar.

Em 1918, as acções privilegiadas estavam de volta. A resolução parlamentar que se aguardava nunca chegou. As maleitas que afectavam as sociedades anónimas não cessaram de se agravar no período subsequente a 1915. Pelo que, correspondendo a insistentes pedidos das Associações Comerciais e Industriais de Lisboa e do Porto, o governo decidiu reintroduzir, no direito das sociedades português, as acções privilegiadas.

Deu guarida a tal desígnio o Decreto n.º 1:118, de 18 de Abril de 1918. Aliás, cumpriu-o, adicionando uma cautela suplementar. Quando os representantes de três quartas partes do capital emitido se opusessem à criação de acções privilegiadas, este passo não poderia ocorrer sem que, previamente, uma sentença judicial, com trânsito em julgado, tivesse reconhecido o carácter imperioso do recurso às acções privilegiadas, para afugentar a suspensão da laboração fabril ou para evitar a redução da actividade comercial[1]. A Primeira

---

[1] Ver Decreto n.º 1:118, de 18 de Abril de 1918, artigo 2.º.

República depositava, assim, fortes esperanças nas acções privilegiadas como forma de atrair novos capitais às sociedades em crise.

15.2 *As sociedades anónimas e a Primeira República*

Contemplemos outras áreas de intervenção da legislação republicana em matéria de direito das sociedades. No capítulo da fiscalização das sociedades anónimas, encontrando-se em aberto a escolha entre uma via de fiscalização a cargo do Estado e um mecanismo de controlo interno assente na responsabilização dos administradores, a Primeira República enveredou, decididamente, pela fiscalização estadual. O Governo Provisório, sem tibiezas, através de um Decreto de 13 de Abril de 1919, instituiu a fiscalização de todas as sociedades anónimas, a qual ficou entregue a uma designada «Repartição Técnica»[1]. A esta cabia, dentro de um largo espectro de tarefas, velar pelo exacto cumprimento da disciplina legal que regia as sociedades anónimas, corrigindo os actos ilegais, investigar a constituição e o funcionamento das assembleias gerais e fiscalizar toda a escrituração social. Ia-se desenhando, enfim, um quadro de rigoroso acompanhamento da vida e da situação económico-financeira das sociedades anónimas.

---

[1] A sua organização e competências surgiram num extenso regulamento anexo ao Decreto de 13 de Abril de 1919. O mencionado regulamento foi depois revogado e reposto parcialmente em vigor pelo Decreto n.º 24, de 7 de Julho de 1913. Ver ANTÓNIO MENEZES CORDEIRO, *Manual de Direito das Sociedades, I vol., Das Sociedades em Geral*, 2.ª ed., Coimbra, 2007, pág. 133.

Durante a Primeira República, uma vaga de prudente patriotismo percorreu a organização e o funcionamento das sociedades comerciais portuguesas. Uma linha rectora a que não foi seguramente alheia a instabilidade e a turbulência beligerante à escala internacional. Em 6 de Setembro de 1915, é publicada a Lei n.º 394. Poderiamos classificá-la, sem esforço, como uma lei de reserva patriótica.

As sociedades portuguesas compreendidas no artigo 178.º do Código Comercial tinham de organizar os seus corpos gerentes, de molde a ficarem constituídos e só poderem funcionar com, pelo menos, a maioria dos cidadãos portugueses de nascimento, domiciliados e residentes em Portugal. O cargo de presidente, efectivo ou substituto, de tais corpos apenas recaía em cidadãos nacionais. Além disso, os poderes e funções, à excepção dos de índole exclusivamente técnica, que, por lei ou pelo estatuto, competiam à administração, não poderiam ser delegados, nem sequer para um assunto determinado, senão em cidadãos portugueses[1].

As sociedades anónimas nunca foram indiferentes à Primeira República. Esta, não raro, parecia temer o seu potencial ameaçador. A boa ou má condução administrativa das sociedades anónimas convocava a atenção do Estado. Em particular, não podia descurar a constituição orgânica das sociedades anónimas que desfrutavam de concessões do Estado ou com ele haviam celebrado contratos permanentes.

Impunha-se garantir o valor da transparência. Logo, as sociedades anónimas que possuíssem bens imobiliários somente deveriam fazer contratos de arrendamento desses bens em hasta

---

[1] Ver Lei n.º 394, de 6 de Setembro de 1915, artigos 1.º e 2.º.

pública, adequadamente anunciada e com a intervenção do corrector. Foi o que surgiu imposto pelo Decreto n.º 4:556, 9 de de Julho de 1918[1].

Mas a lei não parou aqui. Em nome da rectidão de procedimentos, estabeleceu um regime de incompatibilidades. Independentemente do objecto da sua actividade, uma sociedade anónima, que desfrutasse de concessões por parte do Estado ou que houvesse celebrado com o Estado contratos permanentes, não podia integrar nos corpos gerentes eleitos pelos accionistas um individuo que tivesse parente até terceiro grau, segundo o direito civil, em qualquer um dos corpos gerentes dessa sociedade. A mesma incompatibilidade desabava sobre aquele que fosse sócio ou parceiro de um dos membros dos corpos gerentes da sociedade anónima em causa. Idêntica doutrina se aplicava, no seio de uma sociedade anónima, entre os corpos gerentes e o respectivo conselho fiscal[2].

Não insistiremos em mudanças menos carismáticos no âmbito do direito comercial. Todavia, sempre se salientará que, na mira do legislador republicano, estiveram ainda o regime bancário, as sociedades de seguros, os títulos de crédito e a propriedade industrial.

16. A Reforma dos Estudos Jurídicos de 1911 e a Faculdade de Direito de Coimbra

O Governo Provisório da Primeira República, logo nas suas declarações iniciais, anunciou a reforma da Universidade

---

[1] Neste sentido, ver o artigo 1.º do mencionado Decreto n.º 4:556.
[2] Ver Decreto n.º 4:556, de 9 de Julho de 1918, artigo 2.º.

e, em especial, a dos estudos jurídicos. Deu corpo a este último propósito a Reforma dos Estudos Jurídicos de 1911. Repassava-a uma modernidade tal que muitas das sereias da novidade, se a conhecessem, a louvariam em descanso. Observemos, antes de mais, as suas raízes históricas.

Ao romper do século XX, a Universidade de Coimbra vibrava num aceso debate em torno da remodelação global do seu ensino. Instada a pronunciar-se pelo gabinete da Ernesto Rodolfo Hintze Ribeiro e não insensível ao apelo, a Faculdade de Direito designou uma comissão integrada por Dias da Silva, Guilherme Moreira e Marnoco e Sousa, com o encargo de elaborar um relatório sobre a parte concernente ao magistério jurídico. Aprovado sem alterações em Congregação Extraordinária de 2 de Março de 1901, o parecer forneceu as bases da reforma que o Decreto n.º 4, de 24 de Dezembro de 1901, coroou.[1]

16.1 *As raízes históricas da Reforma de 1911*

Ainda a Reforma de 1901 não recebera inteira execução e já se erigira em alvo de críticas demolidoras. Os ventos não a acarinharam. O conflito académico de 1907 levantara uma onda concertada de fúrias desabridas e de acerbíssimas objurgatórias contra a Faculdade de Direito[2]. À agressão anónima

---

[1] Ver RUI MANUEL DE FIGUEIREDO MARCOS, *A História do Direito e o seu Ensino na Escola de Coimbra*, Coimbra, 2008, págs. 68 e segs.

[2] Quanto à origem dos protestos académicos em que parece ter estado o acto de «Conclusões Magnas» do candidato a Doutor, José Eugénio Ferreira, consultar ALBERTO XAVIER, *História da Greve Académica de 1907*, Coimbra, 1963, págs. 63 e segs.

em folhas volantes juntou-se a condenação em declarações públicas, para arguir o seu ensino de imóvel e anacrónico.

De todas as injustas acusações que alvejaram a Faculdade, a que mais a feriu foi, sem dúvida, a relativa ao pretenso atraso dos estudos jurídicos, ao carácter arcaico, bafiento e dogmático do seu magistério. Quando a fogueira de 1907 continuava a crepitar, confessaram-no Marnoco e Sousa e Alberto dos Reis na peça que corajosamente escreveram em defesa firme da Escola a que pertenciam[1]. Depressa a Faculdade de Direito percebeu a necessidade de empreender modificações. A isso mesmo se devotaram os Doutores Marnoco e Sousa, José Alberto dos Reis, Guilherme Moreira, Machado Vilela e Ávila Lima[2]. Sucederam-se alterações pontuais.

A Faculdade porém, não demoraria muito a apresentar um plano acabado de reforma. Precedera-o uma preparação cuidadosíssima, tendo, como pano de fundo, a imagem da internacionalização. Em 1909, cumpriram uma missão de estudo à organização do ensino francês na Faculdade de Direito de Paris e à organização do ensino italiano nas Faculdades de Turim e de Roma os Doutores Marnoco e Sousa e José Alberto dos Reis[3]. No decurso de 1910, coube em sorte

---

[1] Ver MARNOCO E SOUZA e ALBERTO DOS REIS, *A Faculdade de Direito e o seu ensino*, Coimbra, 1907, *expressis verbis*, pág. VII.

[2] Já no final do acto lectivo de 1905-1906, a Faculdade dera sinais de que tencionava reponderar a organização do seu ensino. Designou, na altura, uma comissão composta por GUILHERME MOREIRA, MARNOCO E SOUZA e MACHADO VILELA. Ver MÁRIO JÚLIO DE ALMEIDA COSTA, *O Ensino do Direito em Portugal no século XX*, Coimbra, 1964, pág. 25.

[3] Os professores Marnoco e Sousa e José Alberto dos Reis reuniram em livro as impressões colhidas na missão de estudo que efectuaram em 1909.

ao professor Machado Vilela observar o magistério do direito apurado no crisol da prática, nas Universidades de Paris, Toulouse e Montpellier, em França, nas de Bolonha, Pádua e Turim, em Itália, Bruxelas, Gand e Louvain, na Bélgica, Berlim, Leipizig e Heidelberg, na Alemanha, e, por fim, Lausanne e Genebra, na Suíça. Às Universidade não visitadas, decidiu-se enviar, após uma amadurecida reflexão, um «questionário sobre organização do ensino do direito»[1]. Coligidos os alvitres oriundos do estrangeiro e na base das investigações conduzidas pelos próprios membros do Conselho da Faculdade, elaborou-se um projecto reforma, o qual se ficou a dever, em larga medida, ao labor e inquebrantável entusiasmo de Machado Vilela[2].

Subiu à Congregação de 27 de Março de 1911, onde obteve incontidos aplausos. Consagrou-o, em forma de lei, o Decreto de 18 de Abril de 1911.

Ver MARNOCO E SOUZA e ALBERTO DOS REIS, *O Ensino Jurídico em França e na Itália*, Coimbra, 1910.

[1] Ver MÁRIO JÚLIO DE ALMEIDA COSTA, *Recordando um inquérito sobre a organização dos estudos jurídicos* in «Boletim da Faculdade de Direito», vol. XL (1964), págs 203 e segs.

[2] Disse-o de modo frontal o Doutor Guimarães Pedrosa, ao exaltar o incansável zelo do relator Machado Vilela, a quem, quase exclusivamente, se devia a reforma. No seio da comissão, ao lado de Machado Vilela, estiveram Guimarães Pedrosa, José Alberto dos Reis e Ávila Lima. Pouco depois da sua constituição, foi-lhe ainda agregado o professor Marnoco e Souza. Ver RUI MANUEL DE FIGUEIREDO MARCOS, *Lembrança de Machado Vilela*, Coimbra, 2002.

16.2 Os primeiros acenos da República à Faculdade de Direito de Coimbra

A Primeira República, ainda no decurso dos trabalhos preparatórios que conduziram à reforma, trouxe consigo alterações significativas que implicavam também a Faculdade de Direito. Salientemos as principais.

Sem demora, transfigurou-se o rosto institucional da Universidade de Coimbra mercê de vários Decretos de 23 de Outubro de 1910. Um deles aboliu os juramentos prestados pelo reitor, lentes, graduados, oficiais da Universidade e alunos que se matriculassem pela primeira vez. Um outro extinguiu o juízo privativo da Universidade de Coimbra, determinando que os casos que corriam pelo foro académico passassem para as justiças ordinárias. E o de maior relevo para o ensino veio acabar com o ponto tomado aos estudantes da Universidade e instituir o regime dos cursos livres em todas as cadeiras das diferentes Faculdades. Os alunos aplaudiram, uma vez declarados soltos da prisão do ponto.

Ao expirar de 1910, a Faculdade de Direito, pela voz do Reitor da Universidade, tomou conhecimento das diversas providências oriundas do Governo Provisório, que foram depois acolhidas legislativamente pelo Decreto de 21 de Janeiro de 1911. Como mudanças de vulto, registaram-se a supressão do exame de licenciatura e do exame das conclusões magnas, mais conhecido, nas palavras da lei, por defesa da tese na Sala dos Capelos. A obtenção do grau de doutor exigia agora uma dissertação impressa que versasse um ponto importante para a ciência jurídica, saído da livre escolha do candidato. Além disso, impunha-se um argumento de meia hora sobre três temas fundamentais para a respectiva ciência. Um deles seria eleito pelo candidato, de entre três propostos pela Faculdade.

A Primeira República, em Novembro de 1910, visou especificamente a Faculdade de Direito de Coimbra. Aliás, o Governo Provisório mais não fez do que vir ao encontro de uma sugestão do Vice-Reitor Sidónio Pais que alvitrara a substituição da cadeira de Direito Eclesiástico por uma de Processo[1]. A Faculdade anuiu à proposta e o Decreto de 14 de Novembro de 1910 sancionou a opção.

Avizinhava-se a projectada separação do Estado e da Igreja e, com a manifesta tendência para a laicização de todas as relações jurídicas, não se justificava a conservação da cadeira de Direito Eclesiástico. Este bem poderia ser encarado como factor histórico das instituições jurídicas, cujo estudo lograria pleno cabimento no seio da disciplina de História do Direito Português. Mas o que deixava de ter utilidade para os que se destinassem às carreiras forenses era o conhecimento desenvolvido do regime jurídico da Igreja, na sua vida interna e nas suas relações exteriores.

Aproveitou-se, pois, o ensejo para expandir a dimensão processualista no magistério da Faculdade de Direito. Assim, deslocou-se o ensino da Sociologia Criminal e do Direito Penal para a 11.ª cadeira. Tomou o lugar do direito eclesiástico uma cadeira de Processo Penal e da Prática Judicial, que ficou a ocupar a 14.ª cadeira. De feição que a 16.ª cadeira consagrou--se apenas ao estudo alargado dos processos especiais civis e comerciais.

Não foi tanto a queda do direito eclesiástico que atingiu a Igreja no âmbito universitário. O golpe mais estrepitoso infligiu-o o Decreto de 29 de Janeiro de 1911, que extinguiu

---

[1] Ver MÁRIO JÚLIO DE ALMEIDA COSTA, *O Ensino do Direito em Portugal no Século XX*, cit., pág. 34.

o culto religioso na Capela da Universidade de Coimbra. Os tesouros da Capela destinaram-se a um novo Museu que se ergueria no seu edifício, já considerado monumento nacional.

A lei, na respectiva fundamentação, colocou o órgão da Capela da Universidade a soar vibrantes acordes republicanos. As ciências entraram definitivamente no período da emancipação de todos os elementos estranhos à razão. Só dela emanavam e só dela dependiam. Nos termos da lei, o império do poder incruento e irredutível da verdade demonstrada apagaria as dissidências das escolas dogmáticas que dividiram os indivíduos e os povos. Daí que o culto religioso sofresse ordem de despejo da Capela da Universidade.

A Primeira República, no que toca à Faculdade de Direito, respeitou a sua autonomia científica e pedagógica. A própria Faculdade de Direito de Coimbra reconheceu que o Decreto de 18 de Abril de 1911 traduziu a conversão em lei do projecto de reforma dos estudos jurídicos, votado unanimemente pelo Conselho da Faculdade em Congregação de 27 de Março de 1911 e, em seguida, apresentado ao Governo Provisório da República, o qual deu à Faculdade a subida honra de o aprovar quase integralmente[1].

Para tal desenlace, vislumbram-se diversas razões. O extraordinário valimento pessoal dos membros da comissão reformadora foi, com certeza, uma delas. Mas, acima de tudo, vingou o facto de os aturados trabalhos preparatórios terem sido entretecidos por coordenadas de natureza exclusivamente científica. Dir-se-ia, mesmo, que, atendendo ao ímpeto refor-

---

[1] É o que expressamente se reconheceu na Congregação de 1 de Junho de 1915 do Conselho da Faculdade de Direito de Coimbra. Ver *A Universidade de Coimbra no Século XX. Actas da Faculdade de Direito* (1911-1919), vol. I, introdução de MANUEL AUGUSTO RODRIGUES, Coimbra, 1991, pág. 194.

mador que impôs a si própria, com ou sem Primeira República, a Faculdade de Direito teria fatalmente modernizado a sua pauta docente.

16.3 *A missão docente da Faculdade de Direito*

A Reforma de 1911 revelou-se deveras audaciosa. Atrás de si contou, como se viu, com prudentes esforços e estudos preparatórios verdadeiramente paradigmáticos, e nunca, entre nós, excedidos. A audácia começou, desde logo, no voto primordial de restituir a Escola à sua verdadeira missão. Em tal óptica, promoveu a separação entre a função docente e a função de julgamento. A primeira pertencia naturalmente à Faculdade e a segunda devia caber a representantes do Estado. O exame tornara-se objecto de infinito culto. O professor sacrificava ao exame o tempo, a energia e até a tranquilidade de espírito necessários à investigação científica. Por seu turno, o estudante via o professor pelo óculo do exame, ou, se se preferir, o exame personificado no professor, o que podia perturbar um saudável ambiente de cordialidade. Impunha-se, por conseguinte, descontaminar a atmosfera da Faculdade de Direito, proporcionando ao professor o sossego mental indispensável à função docente e, do mesmo passo, libertando o espírito do estudante das imagens incómodas que nele desencadeavam as vestes carregadas do professor-examinador.

O modo de realizar a separação entre a função docente e a função de julgamento viu-o o Governo da Primeira República no sistema dos exames de Estado. Adoptado em toda a sua pureza na Alemanha, na Áustria e na Suíça alemã, o sistema do *Staatsprüfung* entregava a uma comissão de exames nomeada pelo Estado a tarefa de verificar se os candidatos possuíam o nível de preparação jurídico-científico indispensável ou ao ingresso imediato nas carreiras públicas ou ao tirocínio seguido de exame preponderantemente prático de carácter profissionalizante. Este era ainda um exame de Estado, o grande exame de Estado (*grosse Staatsprüfung*), o que só ocorria depois de alguns anos de prática junto dos tribunais, de instituições administrativas ou de escritórios de advogados. Em harmonia, os júris das comissões de exames integravam individualidades representativas não só dos interesses do ensino, mas também das diversas profissões a que os candidatos se dirigiam. Tomavam assim assento nos júris magistrados, altos funcionários administrativos, advogados e professores da Faculdade de Direito de Coimbra.

Atentemos no modelo esquadrinhado pela lei. A habilitação científica para as diversas carreiras era julgada através de dois exames de Estado. O primeiro, o exame de Ciências Económicas e Políticas, que poderia realizar-se depois de três anos de estudos na Faculdade de Direito e englobava a História do Direito Português e todas as disciplinas das áreas económicas e políticas.

O segundo exame, o de Ciências Jurídicas, exigindo agora cinco anos de estudos na Faculdade de Direito e a aprovação no exame de Ciências Económicas e Políticas, versava as múltiplas disciplinas inseridas na secção de Ciências Jurídicas e a História das Instituições do Direito Romano[1].

Da cisão entre a função de ensinar e a função de examinar fluiria um enorme préstimo para vida escolar da Faculdade

---

[1] Ver Decreto de 18 de Abril de 1911, artigos 49.º e 50.º

de Direito de Coimbra. Era nada menos do que o pleno aproveitamento do ano lectivo para aulas. O semestre de Inverno começava no dia 15 de Outubro e findava no dia 15 de Março. O semestre de Verão iniciava-se no dia 16 de Março e terminava em 31 de Junho[1].

16.4 *O mapa curricular aconselhado pela Reforma de 1911*

Ao desenho da pauta curricular a Reforma de 1911 trouxe arrojadas inovações e meritórios retoques. As novidades traduziram-se nas inclusões da estatística, como processo indispensável à investigação científica, da economia social, mercê da relevância atribuída às questões operárias, do direito constitucional comparado, a título de complemento do direito político, da legislação civil comparada, na sequência lógica do estudo das instituições de direito privado pelo ângulo da sua conformação histórico-jurídica e da matéria das confissões religiosas nas suas relações com o Estado, dada a sua palpitante importância na vida política e jurídica do País. Aliás, a introdução desta última disciplina pertenceu à exclusiva responsabilidade do Governo Provisório.

Do lado das reponderações, regressou-se à antiga separação entre a história do direito português e a história das instituições do direito romano. Triunfou a tese de que irmanar à força a docência de duas disciplinas, que, por natureza, abraçavam métodos expositivos e técnicas de investigação diferentes

---

[1] Ver Decreto de 18 de Abril de 1911, artigo 42.º, § 2.

redundava em impedir que cada uma delas contribuísse para a educação jurídica na exacta medida das suas virtualidades específicas. A Reforma de 1911 acarinhou o direito romano. Não esqueceu a essencialidade do seu valor formativo que então se repercutia no ensino de todos os países, mesmo naqueles onde a recepção romanista se afigurava menor, como na Inglaterra e nos Estados Unidos. À vista dos reformadores ressaltava o facto de o direito romano se professar na generalidade das Universidades inglesas e em algumas Universidades norte-americanas, com saliência para Chicago, Colômbia e Harvard.

Acresce que se desdobrou o direito internacional num curso de direito internacional público e numa cadeira de direito internacional privado. Surgiu ainda um curso semestral de Direito Civil Desenvolvido, com contornos inéditos. Assinalou-se-lhe o objectivo da versar uma ou outra questão importante, sob todos os seus ângulos, para o efeito de mostrar aos alunos o processo de abordagem esgotante de um problema jurídico no seu pleno desenvolvimento. Descobre-se aqui o esplêndido voto de centrar exclusivamente o ensino de uma disciplina no problema.

Numa visão panorâmica, observa-se que o elenco das disciplinas da Faculdade de Direito de Coimbra se espraiava por quatro grupos de cadeiras e cursos, respectivamente anuais e semestrais[1]. O 1.º Grupo recebeu a designação de História do Direito e Legislação Civil Comparada. O 2.º Grupo

---

[1] Nos termos do artigo 4.º da lei, o ensino de cada uma das cadeiras durava um ano lectivo enquanto o dos cursos ocupava um semestre. Contemplava-se apenas a excepção do curso de História das Relações Diplomáticas que se prolongava por um ano.

era o de Ciências Económicas. Ao 3.º Grupo pertenciam as Ciências Políticas e o 4.º Grupo reservava-se às Ciências Jurídicas. Com grande desvelo profissionalizante, anexos ao grupo de Ciências Políticas, estabeleceram-se ainda dois cursos complementares de habilitação para as carreiras diplomática e consular: o Curso de História das Relações Diplomáticas (anual) e o Curso de Direito Consular (semestral).

O Governo da Primeira República acreditou no princípio da liberdade de espírito dos alunos. Em coerência, modificou o regime legal da dependência das disciplinas da Faculdade de Direito, admitindo que o estudante pudesse escolher, em cada ano, as disciplinas que melhor quadrassem ao desenvolvimento da sua cultura jurídica. Abria-se a porta aos percursos individualizados.

Mas o que a Reforma de 1911 não ignorava é que subsistia entre as cadeiras uma filiação natural e uma sequência que se conservava prestimosa, para a qual muitos alunos não teriam ainda sensibilidade aferidora. Por isso, se impôs à Faculdade a obrigação de gizar um plano de estudos que, no seu superior entendimento, lhe parecesse o mais harmónico com a solidariedade e a sucessão lógica das diferentes disciplinas. Era um modo hábil de salvar a ideia de coerência integrante que, seguramente, entretecera o novo currículo do ensino jurídico.

A Faculdade de Direito oferecia, por conseguinte, um ensino segundo um plano aconselhado e não de acordo com um plano imposto[1]. No fundo, a Reforma de 1911 antecipou, neste aspecto, quase de um século, o enorme alvoroço causado pela actual chamada Reforma de Bolonha, na condição de

---

[1] Ver Decreto de 18 de Abril de 1911, artigo 9.º

pregoeira da geometria variável dos currículos e dos planos curriculares simplesmente aconselhados. Não raro, as ideias novas são as ideias velhas de que já nos esquecemos.

16.5 *Coordenadas pedagógicas da Reforma de 1911*

A Reforma de 1911 apontou rumos metódicos claros ao ensino do Direito. Reconhecia, desde logo, que um deles não podia deixar de ser a transmissão da ciência feita. Nesta óptica, lograva inteiro sentido a lição magistral, em que o professor comunicava aos alunos, de um modo pessoal, os princípios da ciência que professava. Realça-se a menção da lei que encerrava um doce apelo à lição entendida como fruto de uma recriação individual e permanente do prelector, um pouco ao gosto da velha *ars inveniendi*. Para arrepio da informática, os verdadeiros Mestres não são programáveis. A concordância dos olhares terminava aqui, porquanto o concreto *modus docendi* já levantava ondas argumentativas alterosas e desencontradas.

Agitaram-se categorias pedagógicas novas e fizeram-se opções inequívocas. Na concepção de lições magistrais que adoptou, a Reforma de 1911 impunha aos professores que banissem das aulas a aridez inóspita do tradicional verbalismo abstracto. A apresentação dos princípios e institutos jurídicos de uma maneira apriorística e dogmática devia ceder a um ensino em que eles, preferencialmente, surgissem emoldurados na sua formação histórica e nas relações com a vida social. Procuravam-se, assim, desterrar as secas prelecções que cultivavam o puro género dogmático em tom pastoral.

Uma das maleitas visíveis que debilitava o magistério jurídico representava uma sobrevivência da velha Escola do

Direito Natural que concebia o direito como uma categoria metafísica superior aos factos, conduzindo ao fosso entre o direito da escola e o direito da vida. O remédio encontrou-o a lei de 1911 na valorização da historicidade jurídica, mostrando, do mesmo passo, os laços que prendem o direito à vida social. Muito do que é direito explica-se, genética e funcionalmente, por aquilo que não o é. O direito não irrompe por actos solitários de génio, nem desaparece, fugidiamente, na noite do acaso. Insere-se sempre num certo contexto constituinte e reconstituinte. A própria natureza do direito reclama que o seu ensino o entenda vinculado à existência cultural e histórica do homem.

O verbalismo transformara-se num culto maldito que a Reforma de 1911 se empenhou em abater. As suas máculas eram muitas. Convidava à memória fresca e não exaltava ao raciocínio. Amontoava palavras e não construía ideias. Preferia mobilar a cabeça em vez de a formar ao abrigo de um pensamento problemático-reflexivo.

A solução julgou encontrá-la a Reforma de 1911 no sistema que apelidou de «concretização do ensino», o qual se centrava em apresentar factos e em formular hipóteses. Tomado da Universidade de *Harvard* que começara a abandonar os velhos métodos do *book-system* e do *lecture-system*, isto é, do sistema do compêndio e da lição dogmática, em favor do *case-system* ou do *case-method*, a Reforma de 1911 adoptou este último, com o objectivo confesso de desterrar o verbalismo do ensino jurídico português. O seu fulcro matricial radicava em assentar os princípios jurídicos sobre a análise de casos da jurisprudência.

O professor estava prevenido para não deixar resvalar a concretização do seu ensino até cair no precipício do nefasto empirismo. Lançar mão de um laboratório experiencial não significava renegar a elaboração científica. Bem pelo contrário, era ainda fazer *sciencia iuris*.

O *case-method* não se compadecia com a acção unilateral do professor. Uma coisa, bem o advertiu Cícero, é saber e outra é saber ensinar. Ora, na ponderação da Reforma de 1911, saber ensinar implicava a recusa do ressequido monólogo que apenas convidava o estudante à passividade receptiva. No seu lugar, erguia-se, em gesto de emancipação intelectual do aluno, a chamada lição-diálogo.

Não se tratava já do que se rotulou de «diálogo velho» que mais não espelhava do que uma antecipação parcial do exame. Assente no princípio da cooperação, a Reforma de 1911 decretou o «diálogo novo», em que o professor não visava averiguar os conhecimentos do aluno, mas antes convocá-lo a cooperar no ensino, levando-o a pensar por si próprio e a acompanhar o raciocínio do professor. Desperto o espírito crítico, o aluno aprendia a observar os factos, a discutir as normas e a formular soluções judicativo-concretas. Em sintonia, ficou expressamente proibido o ditado como sistema de exposição e vedou-se a adopção oficial de quaisquer livros de texto para as lições.

Convertida em máxima orientadora da Reforma de 1911, a ligação do direito da escola ao direito da vida necessitava do forte amparo de um largo espectro de exercícios práticos. Entre exercícios escritos e orais, denunciativo deste clima não era só o apelo constante à jurisprudência fresca, mas também o recurso a visitas de estudo sob a direcção do professor. Deveras sugestivos revelaram-se os exercícios práticos inscritos nas ciências económicas e que incluíam, por exemplo, quer o uso de estatísticas, inquéritos e relatórios oficiais, quer a análise da cotação de fundos, dos câmbios, de balancetes de bancos, de orçamentos e de relatórios financeiros[1]. Na Europa, a Alemanha proporcionara tal paradigma, se bem que a Faculdade de Direito de Coimbra tivesse registado a existência florescente de cursos práticos regulares na Áustria, Bélgica, Bulgária, França, Inglaterra, Noruega e Rússia.

16.6 *A investigação e o aparecimento do Instituto Jurídico*

Na visão de 1911, o ensino não devia exaurir a actividade de um docente de Direito. O universitário precisa sempre da investigação para fazer respirar o seu ensino. Uma teia científico-cultural e didáctica que se entretece de aquisições recíprocas. A este propósito, a Reforma de 1911 exibia uma cintilância bifronte. De um lado, expor a ciência feita e, de outro lado, mostrar como se faz a ciência.

As sementes sopradas de além-fronteiras voejaram até ao nosso país. Nas universidades alemãs, os seminários constituíram exemplos notáveis de progresso científico. Em Berlim, destacava-se o seminário de direito criminal dirigido por Von Liszt, em Leipzig avultava o seminário de economia política sob a orientação de Karl Bücher e, em Heidelberg, ganhou projecção internacional o seminário de direito público do famoso Jellineck. O modelo dos seminários jurídicos passou à Itália, designadamente a Pisa e a Pádua e fez carreira na França, em especial, na Faculdade de Direito de Paris, com as

---

[1] Ver Decreto de 18 de Abril de 1911, artigo 27.º

chamadas «Salas de Trabalho». Já haviam então alcançado enorme renome a sala de trabalho de direito penal, dirigida por Garçon, de direito público, orientado por Larnaud e de direito romano que contava com o prestígio de Cuq e, sobretudo, de Girard.

O voto de alimentar a docência com a investigação teve eco na Faculdade de Direito de Coimbra. A Reforma de 1911 transplantou o modelo estrangeiro, criando um estabelecimento congénere a que deu o nome de Instituto Jurídico.

Assumia todos os contornos de um centro de actividade científica, considerado de suma utilidade a professores e a alunos. Aí se tenderia a implantar um ambiente de activo debate de ideias.

Os trabalhos do Instituto Jurídico consistiam em exercícios, conferências e discussões científicas propícias ao domínio dos métodos de investigação. Do ponto de vista organizativo, o Instituto Jurídico integrava quatro secções, em harmonia perfeita com o mosaico dos grupos de disciplinas. Eis as quatro secções: a 1.ª de História do Direito e de Legislação Civil Comparada, a 2.ª de Ciências Económicas, a 3.ª de Ciências Políticas e a 4.ª de Ciências Jurídicas. Em cada uma delas, surgiram dois tipos de cursos. Um era elementar, para principiantes. O outro, crismado de curso superior, destinava-se à preparação de estudos originais[1]. Como apoio fundamental à missão que lhe foi assinalada, o Instituto Jurídico passava a dispor de biblioteca privativa.

Uma dimensão que não pode ser omitida a respeito da Reforma de 1911 toca o subido esplendor com que acolheu

---

[1] Ver Decreto de 18 de Abril de 1911, artigo 34.º

o princípio do ensino livre. E tomou-o na dupla acepção que ele comporta, ou seja, liberdade de ensinar e liberdade de aprender. O ensino do direito ou se impunha por si próprio ou não tinha razão de ser. O registo da falta tornava-se incompreensível. Um ponto em que comungavam a Faculdade de Direito e o Governo da Primeira República.

Destacou-se a resposta da Faculdade de Direito de Chicago, *Evanston*, à questão seguinte que lhe foi dirigida pela Faculdade de Direito de Coimbra: «A assistência dos estudantes aos cursos é obrigatória ou facultativa, isto é, o ensino é livre ou obrigatório?». Eis a resposta que tanta admiração concitou: «Livre e facultativa. Importa, porém, explicar que nós adoptamos nas escolas americanas um sistema de exames que torna inútil tentar fazê-los sem uma cuidadosa preparação e uma assistência regular. É o método dos problemas originais, semelhante ao que se aplica nos estudos matemáticos. Toma-se um julgado recente dos tribunais, determinam-se os factos do litígio e pede-se a solução segundo os princípios que regulam o assunto».

Uma peça estruturante da Faculdade de Direito passaria a ser o curso livre. De carácter geral ou especial, esses cursos livres poderiam abordar matérias que se situavam no plano curricular normal, ou então no quadro mais vasto das múltiplas ciências jurídicas e sociais. Merece uma explícita alusão a valiosa possibilidade de se confiar a regência de cursos livres a prestigiadas individualidades estranhas ao corpo docente da Faculdade, ou como lhes preferiu chamar a lei, a notabilidades científicas nacionais ou estrangeiras[1].

---

[1] Ver Decreto de 13 de Abril de 1911, artigo 82.º

16.7 *A formação dos professores de Direito*

O que vem de salientar-se transporta-nos, *recta via*, ao tema candente da formação dos professores de Direito, no qual a Reforma de 1911 também intrometeu juízo. Em palco argumentativo esgrimiram-se duas correntes de opinião. Uma confiava na auto-formação do professor e no regime do livre-docentismo. Assim acontecia na Itália, onde existiam cerca de dois mil *privati docenti*. Todavia, a condição de livre-docente, em vez de indicar um meio de formação, representava um simples título acrescido, quer para ingressar nas carreiras públicas, quer para conferir preferência no exercício das profissões liberais. Daí que o Governo da Primeira República recusasse o livre-docentismo como sistema geral do recrutamento dos professores de Direito.

À imagem de algumas Universidades americanas, a Reforma de 1911 decidiu adoptar o outro sistema possível de recrutamento, o da assistência, que se baseava no princípio da formação oficial do professor. Mas com a promissora novidade da especialização. Especialização esta que começava, logo à partida, no concurso de provas públicas para assistente que se pautava de acordo com a divisão em grupos de disciplinas que a Faculdade gizara. A progressão na carreira, agora aferida por concursos documentais, conduziria aos postos cimeiros de professor extraordinário e de professor ordinário[1].

O regime dos assistentes, que se encontra actualmente nos seus últimos suspiros, acreditava na lição permanente

---

[1] Entre assistentes, professores extraordinários e professores ordinários, o quadro do pessoal docente da Faculdade de Direito de Coimbra não ia além dos vinte e oito lugares.

dos Mestres. Perante o que se aproxima, não desfitemos os olhos de uma verdade inabalável. Ninguém nasce professor da Faculdade de Direito, por muito doutorado que esteja.

A Reforma de 1911, que tantas e justificadas esperanças concitara, nunca chegou verdadeiramente a conseguir uma perfeita execução. Depararam-se-lhe escolhos enormes. O regime transitório suscitou vagas tempestuosas de reclamações por parte dos estudantes. A opção pelos cursos livres não conduziu a resultados satisfatórios. Algumas das suas virtualidades foram desaproveitadas. Ainda durante a Primeira República, suceder-se-iam, na linha dos rasgos de 1911, as Reformas de 1918 e de 1922-1923[1].

Não se pense que a Reforma de 1911 morreu. Vive entre nós. E vive entre nós, através dos legados imperecíveis que deixou à actual Faculdade de Direito de Coimbra. A organização interna em Secções que tão frutífera tem sido, a nossa preciosa Biblioteca que se haveria de tornar numa das melhores à escala internacional, o nosso confidente dilecto que é o Boletim da Faculdade de Direito e o Instituto Jurídico como centro de investigação científica constituem sinais visíveis e permanentes da Reforma de 1911.

17. A criação da Faculdade de Direito de Lisboa

A Primeira República produziu um facto da maior relevância para o ensino jurídico português. Alude-se à criação

---

[1] Neste sentido, ver MÁRIO JÚLIO DE ALMEIDA COSTA, *História do Direito Português*, 4.ª ed. revista e actualizada com a colaboração de RUI MANUEL DE FIGUEIREDO MARCOS, cit., pág. 503.

da Faculdade de Direito de Lisboa. A ideia já surgira pouco depois de implantado o regime liberal[1], mas apenas se efectivou após a proclamação da República[2].

Por Decreto com força de Lei de 22 de Março de 1911, ergueram-se as Universidades de Lisboa e do Porto[3]. Em 19 de Abril imediato, a Constituição Universitária integrou na primeira uma Faculdade de Ciências Económicas e Políticas.

Subsequentemente, a lei orçamental do Ministério do Interior[4] de 30 de Junho de 1913 autorizou o governo a organizar a nova escola, que passaria a designar-se, ao estilo da época, Faculdade de Estudos Sociais e de Direito. Seguiu-se o Decreto n.º 118, de 4 de Setembro de 1913, relativo à "organização e funcionamento das Faculdades de Direito", como lei única das Faculdades de Coimbra e de Lisboa, embora

---

[1] Ver MARCELLO CAETANO, *Apontamentos para a história da Faculdade de Direito de Lisboa,* in «Revista da Faculdade de Direito da Universidade de Lisboa», vol. XIII (1959), págs. 11 e segs. Contém indicações valiosas o catálogo da exposição documental *Os setenta anos da Faculdade de Direito de Lisboa,* Lisboa, 1984.

[2] Houve, inclusive, um projecto de lei respeitante à reforma do ensino superior, apresentado na sessão de 5 de Janeiro de 1886 pelo deputado Rocha Peixoto, que preconizava a existência de três Faculdades de Direito: ao lado da de Coimbra, uma em Lisboa e outra no Porto (cfr. "Diário da Câmara dos Deputados" – ano de 1886, págs. 879 e segs., sobretudo, págs. 898 e 914 e seg.).

[3] Determina o artigo 1.º do referido diploma que "no território da República, além da Universidade de Coimbra já existente, são criadas mais duas Universidades – uma com sede em Lisboa e outra no Porto".

[4] Ao tempo, ainda dependiam deste Ministério os serviços de instrução pública.

viessem a manter, durante mais quatro anos, denominações diversas. Este diploma alicerçava-se no Decreto de 18 de Abril de 1911 e foi elaborado de harmonia com os regulamentos sancionados por Decreto de 21 de Agosto do mesmo ano[1]. A circunstância permitiu que se levassem a cabo certos aprimoramentos.

A Faculdade de Estudos Sociais e de Direito recebeu os seus primeiros alunos no ano lectivo de 1913/1914. Pelo Decreto n.º 3370-C, de 15 de Setembro de 1917, rebaptizou-se Faculdade de Direito. Viria a extingui-la o Decreto-Lei n.º 15 365, de 12 de Abril de 1928, juntamente com a Faculdade de Letras do Porto e a Faculdade de Farmácia de Coimbra. Logo foi, porém, restaurada a 13 de Outubro imediato, através do Decreto-Lei n.º 16:044. Aliás, este mesmo diploma introduziu um novo plano dos estudos jurídicos comum às duas Faculdades.

---

[1] Ver PEDRO SOARES MARTÍNEZ, *A Faculdade de Direito de Lisboa. Do Restabelecimento, em 1913, à Consolidação, em 1928*, in «Revista da Faculdade de Direito da Universidade de Lisboa», cit., vol. XXXVIII – n.º 1 (1997), págs. 267 e segs.

ÍNDICE

Nota Prévia 5
1. As faces do republicanismo português 7
2. A afirmação republicana por via legislativa 9
3. A republicanização do calendário. As férias judiciais 10
4. O cidadão da República em traje legal 12
5. A Lei de Imprensa de 1910 e a liberdade de discussão em torno de diplomas legais 17
6. A criação dos tribunais de honra 22
7. Rupturas e continuidades. A supervivência de um certo direito proveniente da Monarquia. O caso do direito administrativo 24
8. Um novo direito político. O constitucionalismo republicano e o Sidonismo 30
9. O direito colonial republicano 36
10. O direito penal na Primeira República 38
    10.1 O modelo do político republicano e a responsabilidade penal dos membros do poder executivo 39
    10.2 O delinquente e a execução das penas 41
11. As finanças públicas republicanas e a lei travão .. 42

12. A questão religiosa na Primeira República 47
    12.1 O registo civil obrigatório 49
    12.2 A "Lei da Separação do Estado das Igrejas" 49
13. A Primeira República e o direito privado 51
    13.1 Transformações no âmbito do direito de família 52
    13.2 Transformações no âmbito do direito sucessório 54
    13.3 Transformações no âmbito do direito dos contratos 55
14. O universo jurídico-laboral na Primeira República 57
    14.1 Reforço dos direitos dos operários 59
    14.2 Abordagem legislativa da greve e do «lock--out» em 1910 64
    14.3 A questão dos acidentes de trabalho 65
    14.4 O regime dos seguros obrigatórios de 1919 . 67
    14.5 O conhecimento do mundo do trabalho e as Bolsas Sociais de Trabalho 70
    14.6 Um vislumbre da contratação colectiva no direito do trabalho português 72
15. Breve apontamento sobre o direito comercial inscrito na Primeira República 73
    15.1 Uma nova categoria de acções. As acções privilegiadas 73
    15.2 As sociedades anónimas e a Primeira República 78
16. A Reforma dos Estudos Jurídicos de 1911 e a Faculdade de Direito de Coimbra 80
    16.1 As raízes históricas da Reforma de 1911 81
    16.2 Os primeiros acenos da República à Faculdade de Direito de Coimbra 83

16.3 A missão docente da Faculdade de Direito... 87
16.4 O mapa curricular aconselhado pela Reforma de 1911 89
16.5 Coordenadas pedagógicas da Reforma de 1911 92
16.6 A investigação e o aparecimento do Instituto Jurídico 95
16.7 A formação dos professores de Direito 98
17. A criação da Faculdade de Direito de Lisboa 99